»Ich kann die Erotik nicht
vom Essen trennen und
ich sehe auch keinen Grund,
weshalb ich es tun sollte,
im Gegenteil.« Isabel Allende

Suhrkamp

Foto: Marcia Lieberman

Isabel Allende
Aphrodite
Eine Feier der Sinne

Nach Überwindung einer Lebenskrise, ausgelöst durch den Tod ihrer Tochter Paula, kommt die chilenische Bestsellerautorin zurück mit einem wieder ganz dem Leben und dem Genuß zugewandten Buch – eine Feier der Sinne: In *Aphrodite* ist von allen nur erdenklichen Aphrodisiaka die Rede: Es finden sich wohlerprobte und auch gewagte Rezepte, anregende Bilder, Gedichte und Erzählungen, persönliche Anekdoten oder auch praktische Tips, wie man einen Liebhaber empfängt ...

»Man ißt
mit den Augen,
genauso wie man
sich verliebt.«

Ü: Lieselotte Kolanoske
328 Seiten. Gebunden
Mit farbigen Abbildungen
DM 49,80/ öS 364,-/ sFr. 46.-

Kräuterbücher haben schon immer eine große Faszination auf den Beschauer ausgeübt. Das mag daran liegen, daß die genaue Kenntnis der heilenden oder schädigenden Wirkung von Kräutern lange Jahrhunderte hindurch als lebenserhaltendes Wissen galt. Im Mittelalter kann man sich keine Burg, kein Kloster ohne den Kräutergarten vorstellen. Doch nicht nur die Aufmerksamkeit der Wissenschaft galt diesen Gewächsen, sondern sie fanden zunehmend Verwendung in der Küche. Solche Kräuter stellt Manuel Gasser in seinem Bändchen vor, er schreibt über ihre Nutzanwendung und gibt Ratschläge für ihre Dosierung.

insel taschenbuch 2258
Manuel Gasser
Kleines Kräuterlexikon

MANUEL GASSER
KLEINES
KRÄUTERLEXIKON

Mit Holzschnitten aus »New Kreüterbuch«
von Leonhart Fuchs, 1543
Koloriert von Erna de Vries
Insel Verlag

insel taschenbuch 2258
Erste Auflage 1998
Insel Verlag Frankfurt am Main und Leipzig
© Insel Verlag Frankfurt am Main 1979
Alle Rechte vorbehalten
Hinweise zu dieser Ausgabe am Schluß des Bandes
Vertrieb durch den Suhrkamp Taschenbuch Verlag
Umschlag: Michael Hagemann
Druck: MZ-Verlagsdruckerei GmbH, Memmingen
Printed in Germany

1 2 3 4 5 6 – 03 02 01 00 99 98

INHALT

KLEINES
KRÄUTERLEXIKON

*Der Gärtnerin
Prinzessin Ludwig von Baden
verehrungsvoll gewidmet*

Unter den Pflanzen, die sich der Mensch zunutze gemacht hat, gibt es unzählige, die Heil-, aber nur wenige, die Würzkraft besitzen. Und auch diese wenigen sind in der Mehrzahl tropische Gewächse, die im Abendland vergleichsweise spät bekannt und erst in neuerer Zeit Allgemeingut wurden. Seit Jahrtausenden in Gebrauch hingegen waren Blätter, Samen und Wurzeln, die der heimische Boden hervorbrachte – der Ertrag von Kräutern und Stauden, die im folgenden beschrieben und abgebildet werden.

Daß diese Gewächse schon im Altertum und im frühen Mittelalter die Aufmerksamkeit der Wissenschaft auf sich zogen, verdanken sie allerdings nicht ihrer Verwendung in der Küche, sondern der Tatsache, daß sie ohne Ausnahme in der gelehrten und in der Volksmedizin in hohem Ansehen standen.

Von den heute noch gebräuchlichen Gewürzkräutern wird nur ein einziges – der Kümmel – nördlich der Alpen wildwachsend angetroffen. Einige, wie etwa die Pfefferminze und der Sellerie, sind Züchtungen, deren Urformen zweifelhaft sind, und im Fall von Koriander, Safran, Schnittlauch und Origano streitet man sich über das angestammte Verbreitungsgebiet. Sodann gibt es eine Anzahl Gewürzkräuter, die schon in vorgeschichtlicher Zeit aus Indien, Persien und aus den Steppen Innerasiens eingewandert sind: Basilikum, Liebstöckel, Dill und Knoblauch. Der Hauptharst unserer Küchenkräuter hingegen stammt aus den Ländern um das östliche Mittelmeer. Sie bei uns heimisch gemacht zu haben, ist das Verdienst der römischen Legionäre, in einigen Fällen auch der Benediktinermönche, die die in ihrer Heimat seit jeher geschätzten Heil- und Gewürzkräuter in den Klostergärten zogen. Auch die Mauren, die während Jahrhunderten Spanien beherrschten, sind zu erwähnen; durch sie gelangte mehr als ein würziges, aus dem Vorderen Orient stammendes Kraut zu uns.

Einige wenige Gewächse, denen man in alten Kräuterbüchern begegnet – Ysop, Pastinak, Bibernelle zum Beispiel –, sucht man in diesem Kompendium umsonst; sie sind in Vergessenheit geraten, und es dürfte schwerhalten, sich für ihren Anbau Samen oder Setzlinge zu beschaffen. Auch Kräuter, die in unserer Küche kaum je Verwendung finden – Lavendel und Wermut –, wurden übergangen; desgleichen Gemüse und Salate wie Portulak, Zwiebel, Brunnen- und Gartenkresse. Was die zwei Dutzend hier beschriebenen Kräuter hingegen betrifft, so sind sie, jedes auf seine Art, der auf Abwechslung und Verfeinerung bedachten Köchin unentbehrlich.

Wer auf botanische Zusammenhänge achtet, wird feststellen, daß nicht weniger als drei Viertel der im folgenden erwähnten Kräuter zwei Pflanzenfamilien zugehören: den Doldengewächsen und den Lippenblütlern. Die restlichen sechs verteilen sich auf die Lilien- und Schwertliliengewächse, die Korb- und Kreuzblütler, während der Borretsch seinem Clan gar den Namen gegeben hat.

Im übrigen will die Sippenzugehörigkeit hier nicht eben viel besagen. Unter den Lippenblütlern wie unter den Doldengewächsen gibt es Vertreter sowohl der »feinen« wie der »robusten« Kräuter, und nur dadurch unterscheiden sich die beiden Hauptgruppen, daß von den Lippenblütlern die Samen nie, von den Doldengewächsen fast immer ebenfalls und in einigen Fällen sogar ausschließlich verwendet werden.

Die Gewürzkräuter unserer Breiten sind in der Mehrzahl recht unscheinbar. Gerade die Gewächse mit dem feinsten und vornehmsten Arom, wie Basilikum, Majoran oder Koriander, sprechen das Auge am wenigsten an. Auch fiele es niemandem ein, der großen Schar der Doldengewächse Gartengastrecht zu gewähren, wären sie in der Küche nicht unentbehrlich. Und was die mangelnde Blütenpracht angeht: Es ist nicht die Schuld des Schnittlauchs, wenn ihn die Köchin aberntet, bevor seine lustigen Pompons zum Blühen kommen. Und wer wollte dem zart-fliederfarbenen Flor des Rosmarins, dem treuherzigen Himmelblau der Borretsch-Sterne seine Zuneigung versagen? Auch wurde dem reinen Schauvergnügen zuliebe der im Herbst blühende Safran in diese Sammlung aufgenommen; denn in der Vereinzelung gezogen ist er der Küche nicht nützlich.

Für die Verwendung der Gewürzkräuter gibt es eine Reihe eiserner Regeln: Dill gehört zu Krebs und Fisch, Knoblauch zu Lamm und Hammel, die Pizza ist ohne Origano so undenkbar wie die Sauce béarnaise ohne Estragon, und auch Kümmel, Meerrettich, Bohnenkraut und so fort haben ihre durch jahrhundertealten Brauch festgelegten Wirkungskreise. Damit aber darf sich die Köchin nicht zufriedengeben. Sie soll immer neue Zusammenstellungen ausprobieren, um eines Tages herauszufinden, wie trefflich Fenchel mit Karotten, Melisse und Koriander mit Fruchtsalat, Pfefferminze mit Zuckererbsen harmonieren.

Ein Wort noch zu den von Erna de Vries kolorierten Illustrationen dieses Bändchens: Sie stammen aus dem »New Kreüterbuch« von Leonhart Fuchs, das 1543 von der Offizin Michael Isingrin in Basel herausgegeben wurde.

Das »New Kreüterbuch« folgte Peter Schoeffers »Herbarius« von 1484 und dem 1532 erschienenen »Herbarum vivae eicones« von Otto Brunfels als drittes Standardwerk der Renaissance-Botanik.

Die 517 ganzseitigen Tafeln des »New Kreüterbuch« wurden von den Zeichnern Heinrich Füllmaurer und Albert Meyer entworfen und von Vitus Rudolph Speckle in Holz geschnitten. Die Originale messen in der Höhe fast genau 32 Zentimeter, wurden also für unsere Zwecke wesentlich verkleinert. Dieses Vorgehen rechtfertigt sich; hat doch Leonhart Fuchs selber 1545 eine Art Taschenbuchausgabe seines Werkes veranstaltet, in welcher die Holzschnitte in halber Größe wiedergegeben sind.

Die Illustrationen des »New Kreüterbuch« sind denjenigen von Schoeffers »Herbarius« an Naturtreue weit überlegen und kommen an Schönheit den Pflanzenbildern im Werk von Otto Brunfels gleich.

Alle von uns beschriebenen Gewürzkräuter fanden sich im »New Kreüterbuch«, mit der einzigen Ausnahme des Estragons. Dieser wurde dem »Cruydeboek« des niederländischen Botanikers Rembert Dodoens entnommen, das Anno 1554 erschienen ist.

ANIS

Pimpinella anisum

D er Anis gehört zu den Doldengewächsen, zu jener Pflanzenfamilie also, die zusammen mit den Lippenblütlern im Kräutergarten am zahlreichsten präsent ist. Er stammt aus dem Vorderen Orient, ist aber schon rund zweitausend Jahre nördlich der Alpen heimisch und hat sich unserem Klima angepaßt. In reicher, lockerer Erde und an einem sonnigen Platz gedeiht er gut. Indes sollte man ihn erst Ende April, Anfang Mai aussäen, da die junge Pflanze den Frost fürchtet.

Das Gewächs hat große Ähnlichkeit mit seinen Vettern Kümmel, Fenchel und Dill, doch wird es nur halb so hoch wie sie. Die meist weißen, oft aber auch rosaroten Blüten stehen in zusammengesetzten Dolden. Die Frucht, die bei uns nicht vor Ende August reift, besteht aus zwei zusammenhängenden, grau-grünen Samen, die sich erst beim Trocknen trennen. Für den medizinalen und den Küchenbedarf werden nur sie gebraucht, doch besitzt das ganze Gewächs den köstlichen Anisduft und -geschmack, so daß man auch die zierlich gefiederten Blätter zur Aromatisierung von Gemüsen und Salaten verwenden kann.

Hippokrates war der Ansicht, Anis dürfe in keinem

Kräutergarten fehlen, und Vergil riet seinen Landsleuten, ein üppiges Mahl mit *mustacae* – einem mit Anis- und Kümmelsamen gewürzten Gebäck – zu beschließen. Die Wissenschaft gab ihm später recht; denn Anis ist der Verdauung in hohem Maße zuträglich. Weshalb man zu einer Zeit, da es noch Ammen gab, bei Magenstörungen des Säuglings der Milchmutter Anistee zu trinken gab, der dann auf diesem Umweg dem kleinen Patienten zugute kam.

Für uns ist Anis ein Synonym für Weihnachten; die Anrainer des Mittelmeers hingegen, die auf Anis so scharf sind wie Katzen auf Baldrian, genießen das geliebte Arom nicht in Gebäck und Zuckerwerk, sondern als Aperitif unter den Namen Raki, Ouzo, Pastis, Pernod und so fort.

ANIS IN DER KÜCHE

B ei uns zulande ist Anis nur als Kuchengewürz bekannt. Aber nun versuche man einmal dieses Karottenrezept:

Ganz zarte, junge Karotten werden in Scheiben geschnitten und mit wenig Wasser – zwei Eßlöffel genügen –, einem Eßlöffel Rohrzucker, einem oder zwei Kaffeelöffel Anissamen, Salz und Pfeffer eine Viertelstunde in Butter geschmort. Wobei der Topfdeckel aufgesetzt sein und das Kochgut von Zeit zu Zeit gerüttelt werden soll.

Oder man bereite Rotkraut mit Anissamen zu, um die

fetten Speisen, die dieses Gemüse meist begleiten, bekömmlicher zu machen.

Aber nun zur populärsten Verwendung der duftenden Körner, zum Weihnachtsgebäck.

Zwei Anisspezialitäten meiner Heimat, Anisbrötli und Springerli, sind so berühmt, daß sie unter leicht veränderten Namen Eingang auch in deutsche Kochbücher gefunden haben. Ihre Herstellung ist denkbar einfach, nur mangelt es jenseits der Grenze an den reizenden, oft von Generation zu Generation vererbten, aus Buchs- oder Birnbaumholz geschnitzten Modeln, die das Gebäck zur Augenfreude mit historischer Perspektive machen. Hier das Rezept für Anisbrötli, die sich ja nur durch die äußere Form von den Springerli unterscheiden.

Ein Pfund Puderzucker wird mit vier Eiern schaumig gerührt. Man gibt den Saft und die geriebene Schale einer Zitrone sowie zwei Eßlöffel Anissamen dazu und verarbeitet die Masse nach und nach mit einem Pfund Mehl. Der Teig wird einen Zentimeter dick ausgewallt, worauf man ihn mit dem Model prägt und die so erhaltenen Reliefs ausschneidet. Über Nacht werden diese an einem kühlen Ort getrocknet und erst am folgenden Tag bei 160 Grad Unterhitze während fünfzehn bis zwanzig Minuten so gebacken, daß sich die Unterseite der Brötli gelb färbt, die Oberseite hingegen weiß bleibt.

BASILIKUM

Ocimum basilicum

Alles an diesem königlichen Kraut ist unge-
wöhnlich: seine Herkunft, seine Geschichte,
sein Ruf als mächtiges Zaubermittel – nur seine äußere Erscheinung ist ganz unauffällig: ein einjähriges,
buschiges Gewächs mit frischgrünen, seidig-glänzen-
den, eiförmigen Blättchen und kleinen, bald weißen,
bald rötlichen Blüten.

Während die weitaus meisten Küchenkräuter aus den
Mittelmeerländern stammen, kam das Basilikum aus
Indien über Persien nach Griechenland und Rom, wo
es von Dioskurides, Plinius d.Ä. und anderen Autoren
beschrieben wurde.

Durch italienische Mönche in den Norden gebracht,
wurde das Kraut von Legende und Aberglauben mit
Beschlag belegt und mit Zeremoniell und Ritual
umgeben. So mußte jeder, der Basilikum pflücken
wollte, vorher die rechte Hand in drei verschiedenen
Quellen waschen. Auch wurde Basilikum mit gifti-
gem Getier in Verbindung gebracht, ja es wurde behauptet, dem, der an dem Gewächs rieche, bilde sich
ein Skorpion im Gehirn. Der fatalste Beitrag zum
unheimlichen Ruf des Basilikums aber war die fünfte
Novelle des vierten Tages in Boccaccios *Decamerone*.

Sie erzählt von einem Mädchen, dessen Bräutigam von ihren Brüdern ermordet wurde und das dann den Kopf des Geliebten in einem Blumentopf aufbewahrte, in welchem ein Basilikumbusch wuchs. Diese haarsträubende Geschichte erlangte neue Popularität durch das berühmte Gedicht »*Isabella and the Pot of Basil*« von John Keats.

In den lateinischen Ländern und auch in England gilt Basilikum seit der Renaissance als vornehmstes Küchenkraut; Deutschland hingegen wurde erst in jüngster Zeit, wohl im Zuge der Begeisterung für die italienische und spanische Küche, auf das Gewürz aufmerksam. Trotz seiner tropischen Herkunft läßt es sich in unseren Gärten und auch im Topf leicht ziehen; außerdem hat es den Vorteil, sein unvergleichliches Arom auch im gedörrten Zustand zu bewahren.

BASILIKUM IN DER KÜCHE

Basilikum gehört mit Kerbel, Estragon und Petersilie zur vornehmen Gesellschaft der *fines herbes*, wird also überall dort angewendet, wo diese Kräutermischung vorgeschrieben ist.

Des weiteren verträgt sich Basilikum aufs beste mit anderen Gewürzen, so mit Rosmarin, Salbei und Knoblauch. Sein höchster Ruhm indessen ist seine innige Freundschaft mit der Tomate. Es gibt keine Zubereitungsart dieser Frucht – ob roh oder ausgepreßt, ob gekocht oder gebacken –, die durch die Beigabe von Basilikum nicht entscheidend gewönne.

In Italien ist Basilikum das meistgebrauchte Gewürz; seinen Triumph feiert es in der neapolitanischen Pizza, vor allem aber im *Pesto alla genovese*, einer Paste aus Basilikumblättern, Pinienkernen, Schafkäse, Knoblauch und Olivenöl.

In Frankreich ist Basilikum allenthalben, vorzüglich aber in der Provence, hochgeschätzt. Es heißt dort *pistou*, und die *Soupe au pistou* hat selbst die Dreistern-Restaurants von Paris erobert. So wird sie gemacht:

In zwei Liter gesalzenem Wasser werden zwei in Würfelchen geschnittene Kartoffeln, ein halbes Pfund zerkleinerte grüne Bohnen, eine Tasse weiße Bohnenkerne und zwei Tomaten gargekocht. Dann zerstößt man im Mörser ein halbes Dutzend Basilikumblätter mit zwei Knoblauchzehen und fügt nach und nach zwei Eßlöffel Olivenöl dazu. Das so erhaltene Gemisch gibt man in die Suppenschüssel und gießt die Suppe darüber.

BOHNENKRAUT

Satureja hortensis

E inmal, als sich mein Vorrat an frischem Bohnenkraut erschöpft hatte, wollte ich das benötigte Gewürz kaufen. Man bedeutete mir, es sei nicht im
Handel, da ja jedermann Bohnenkraut im Garten zie-
he. So groß also ist in gewissen Gegenden die Beliebtheit dieses Lippenblütlers.

Seine Urheimat sind die Küsten des Schwarzen Mee-
res, doch muß das Kraut schon in grauer Vorzeit aus-
gewandert sein; wächst die Spielart *Satureja montana*
oder Winter-Bohnenkraut doch mit Rosmarin, Thymian, Lavendel und anderen aromatischen Kräutern
wild in den steinigen Hügelbergen der westlichen Mittelmeerländer.

Winter-Bohnenkraut unterscheidet sich von seinem
Geschwister zur Hauptsache dadurch, daß es mehrjährig ist und aus diesem Grunde gern als Zierpflanze
in Steingärten gehalten wird. Äußerlich unterscheidet
es sich kaum vom Garten-Bohnenkraut, und auch die
aromatischen Eigenschaften der beiden Arten halten
sich die Waage.

Das Bohnenkraut ist ein anmutiges, vielverzweigtes,
niedriges Gewächs mit schmalen, fast nadelförmigen,
dunkelgrünen Blättern und unscheinbaren Blüten in

Weiß, Rosa oder Fliederfarbe. Blätter und Blüten haben einen strengen, pfefferartigen Duft und Geschmack, der zu einer Zeit, da exotische Spezereien noch nicht nach Europa gelangten, als Würze hochgeschätzt wurde. Auch haben die Römer Bohnenkraut im Umkreis der Bienenkörbe angepflanzt, teils seines Reichtums an Nektar wegen, teils weil die zerquetschten Blätter als Heilmittel gegen die Folgen von Bienenstichen galten.

Garten-Bohnenkraut wird durch Samen, Winter-Bohnenkraut durch Stecklinge oder Wurzelteilung fortgepflanzt. Will man sich einen Wintervorrat des ersteren anlegen, so schneidet man das ganze Gewächs hart über dem Boden ab und trocknet es an einem luftigen, schattigen Ort. Die Zeit kurz vor der Blüte eignet sich für die Ernte am besten.

Die Franzosen nennen das Bohnenkraut *sariette*; im Norden des Landes gibt man dem Garten-Bohnenkraut den Vorzug, während die Provenzalen fast ausschließlich die dort wildwachsende *Satureja montana* verwenden. In England heißt das Bohnenkraut *savory*; es ist dort so beliebt, daß die Pilgerväter darauf bedacht waren, Bohnenkrautsamen auf der *Mayflower* in die Neue Welt zu bringen.

BOHNENKRAUT IN DER KÜCHE

W ie sein Name andeutet, ist Bohnenkraut das klassische Gewürz für alle Hülsenfrüchte und mehligen Gemüse: frische und gedörrte, farbige und weiße Bohnen, Erbsen und Kichererbsen, Linsen und so fort. Besonders delikat schmeckt Bohnenkraut an ausgekernten, in Butter gedämpften Saubohnen, einem Leckerbissen, den die deutschen Köchinnen noch nicht entdeckt zu haben scheinen.

Damit aber ist die Rolle des Bohnenkrauts noch lange nicht ausgespielt. Auch Kartoffelsuppe, Blumen- und Rosenkohl, Tomatengerichten und Geflügelfüllungen verleiht es Rasse und Glanz, ja selbst der Fischküche steht es wohl an. So figuriert es in manchen Rezepten als obligates Ingredienz des Forellen- und Muschelsudes.

Für alle Fleischsorten, die nach heftigen Gewürzen verlangen, ist Bohnenkraut, frisch oder getrocknet, zu empfehlen. Also für Hammelkoteletts und -ragoût, geschmorten Rindsbraten, Kutteln und Haarwild.

Ganz allgemein kann man sagen, daß überall dort, wo Rosmarin, Majoran und Thymian am Platze sind, auch Bohnenkraut mit Vorteil eingesetzt werden kann. Da es sich gut mit anderen Gewürzen verträgt, eignet es sich auch für Kräutermischungen.

Achtung: Bohnenkraut sollte weder von Anfang an mitgekocht noch nachträglich hinzugefügt werden; am besten gibt man es kurz vor Ende der Garzeit dem Kochgut bei.

BORRETSCH

Borago officinalis

Welch liebenswürdiges Kraut! Es meint es gut selbst mit den Tieren; denn das Borretschbeet summt den ganzen Sommer über von Bienen. Dem Menschen bietet der Borretsch, ganz abgesehen von seinen übrigen Tugenden, eine liebliche Augenweide: Das stark verzweigte Gewächs mit fleischigem Stengel und etwas runzligen Blättern, das über und über mit Borstenhaaren besetzt ist, trägt einen üppigen Blütenstand. Er treibt vom Juni bis in den Herbst hinein zahllose, fünfstrahlige Sterne von eben jenem himmlischen Blau, in das Fra Angelico die Madonna kleidete.

Da diese Blausterne nicht nur schön, sondern auch von zartem Wohlgeschmack sind, kann man sie zur Verzierung von grünem und von Gurken-Salat verwenden. Und wer den Blaublick der Borretschblüten auch im Winter nicht missen möchte, kandiert sie, um damit Torten und Kleingebäck zu dekorieren.

Aber nicht nur das Auge, auch die Seele erfreut der Borretsch: Es heißt, ein Borretschstrauß, ins Schlafzimmer gestellt, rufe süßen Träumen, und in alten Kräuterbüchern wird der Genuß von Blatt und Blüte als Mittel gegen Melancholie empfohlen.

Die Arzneikundigen sagen dem Borretsch heilsame
Wirkung bei mancherlei Gebresten nach, doch ist es
vor allem der Wohlgeschmack, der ihm seinen Platz
im Gewürzgarten sichert: Die jungen Blätter besitzen
ein erfrischendes Aroma, das demjenigen der Gurken
ähnlich ist; weshalb das Gewächs in manchen Gegenden auch Gurkenkraut genannt wird. Mit diesem
Vergleich ist es indessen nicht getan: Der Borretschge-
schmack und -duft hat darüber hinaus etwas Eigenes,
Inkomparables, das gerade dann am deutlichsten her-
vortritt, wenn man streifiggeschnittene Borretschblätter unter den Gurkensalat mischt.

Die auf die Zartheit ihrer Haut erpichten Engländerinnen kochen ein paar Handvoll Borretschblätter mit
zwei Pfund Gerste und acht Pfund Kleie in Regenwas-
ser ab und behaupten, dieses *Cosmetic Bath* wirke
Wunder.

Der Borretsch beweist sein freundliches Wesen auch
dadurch, daß er sich kinderleicht ziehen läßt. Man sät
ihn nach dem letzten Frost locker aus, bedeckt ihn –
und das ist wichtig! – mit einer dünnen Schicht Erde,
und schon nach einer Woche zeigen sich die ersten
zartgrünen Pflänzchen, um den ganzen Sommer über
munter zu gedeihen und zu blühen. Ist er im Garten
erst einmal heimisch geworden, so braucht man sich
nicht mehr um ihn zu kümmern. Er versämt sich selber und meldet sich jedes Frühjahr ungefragt wieder.
Wer keinen Garten besitzt, sät Borretsch im Blumentopf oder im Balkonkasten aus.

Ursprünglich war der Borretsch kein Gewürzkraut, sondern ein Gemüse. Zur Zeit, da die Mauren die Iberische Halbinsel beherrschten, kochten sie den aus dem Vorderen Orient mitgebrachten Borretsch wie Spinat; die Spanier taten es ihnen nach und halten es heute noch so. Auch in Frankreich galt Borretsch noch um das Jahr 1600 als eigentliches Volksnahrungsmittel. Heute dient er im westlichen Europa, besonders aber in Frankreich und England, so gut wie ausschließlich zur Aromatisierung von Kopf-, Gurken- und Tomatensalat. Man mischt die jungen Blätter feingeschnitten unter das Salatgut oder läßt sie während einer halben Stunde in der Salatsauce marinieren. Die Blüten können auch in Essig angesetzt werden; sie verleihen diesem außer Wohlgeschmack eine zartblaue Farbe. Getrocknet wird Borretsch, soviel ich in Erfahrung bringen konnte, hauptsächlich in Frankreich verwendet, während das frische Kraut bei uns auch als Würze für Hackfleischspeisen und Geflügelfüllungen sowie zur Zubereitung von Kräuterbutter dient. Für letztere wird süße oder leicht gesalzene Butter mit Borretschblättern, Dill, Schnittlauch und etwas Schalotte – alles sehr fein gehackt – verarbeitet und als delikate Beigabe zu grilliertem Fleisch oder Fisch gereicht.

DILL

Anethum graveolens

Das kulinarische Orakel der Franzosen, der *Larousse gastronomique*, führt *aneth* – dies das französische Wort für Dill – zwar auf; alles, was er dazu zu sagen hat, ist indessen die Bezeichnung des Gewächses als »Bastard-Fenchel«. Und auch ein zweibändiges französisches Kräuterbuch weiß vom Dill nur zu berichten, daß sich seine Blätter und Samen für die Parfümierung von Salaten und – Konfitüren eignen. Dieser selbe, in der Hochburg der Kochkunst so geringgeschätzte Dill herrscht in den Küchen Nord- und Osteuropas als König der Würzkräuter – ja, den Skandinaven sagt man nach, daß sie – die Süßspeisen ausgenommen – einfach *alles* mit Dill würzen.

Recht haben sie! Denn Duft und Geschmack des Dills sind von so bezaubernder Frische, daß man schreibenderweise einmal mehr bedauert, für ihre Schilderung keine Worte zu finden. Nun, was man nicht zu sagen vermag, kann man riechen und schmecken. Weshalb jedem, der über ein Eckchen Gartenland verfügt, geraten sei, dort Dill auszusäen. Nicht nur einmal im Mai, sondern alle vier bis sechs Wochen von neuem; denn eine Dillstaude ist bald abgeerntet, und der guten Dinge, die nach diesem Gewürz verlangen, sind viele.

30

Die große Beliebtheit des Dills im Norden und Osten unseres Erdteils könnte vermuten lassen, das Gewächs sei in einem kühlen Klima heimisch. Keineswegs. Es stammt vermutlich aus Persien, wenn nicht gar aus Hindostan, und kam über den Vorderen Orient und die Mittelmeerländer zu uns; daß es in nördlichen Breiten so leicht und üppig gedeiht, beweist die Fähigkeit der Pflanzen, sich den Verhältnissen anzupassen.

Die in vielen Sprachen übliche Bezeichnung des Dills als Wilder Fenchel hat ihren guten Grund: Die beiden Doldengewächse mit dem gefiederten, fast fadendünnen Blattwerk gleichen sich zum Verwechseln; nur daß der Fenchel unter günstigen Bedingungen mehrjährig ist, während uns der Dill nur einen Sommer lang erfreut.

DILL IN DER KÜCHE

Daß der Dill der unentbehrliche Begleiter aller Wassergeschöpfe – Fische, Fluß- und Meerkrebse, Jakobsmuscheln – ist, weiß jedes Kind. Über die Zubereitung von Dill-Sauce hingegen gehen die Ansichten auseinander. Zwar dient als Basis immer eine Mehlschwitze, doch schreibt das klassische schwedische Rezept die Beigabe von Zucker und Essig vor, während das hier mitgeteilte böhmische auf beides verzichtet:

Doppelt soviel Butter als Mehl röstet man leicht an und löscht mit Fisch- oder Krebssud, allenfalls mit

Fleischbrühe ab. Nach dem Abschmecken mit wei-
ßem Pfeffer und Salz nimmt man die Sauce vom
Feuer und verrührt sie großzügig mit Dillkraut und
süßer Sahne.

Wo der Dill regiert, ist auch die Gurke Königin. Kluge
Frauen verbinden das Einlegen der Gurken mit der
Zubereitung von Dillessig; denn die Dillblätter, -stiele
und -dolden, die zum Ansetzen des Essigs gedient haben, können für die Gurkenkonserve noch einmal
verwendet werden.

Ohne meine Kochkünste herausstreichen zu wollen,
kann ich sagen, daß mir die Suppenhochzeit von Dill
und Gurke jedesmal begeisterte Komplimente ein-
trägt. Hier das Rezept:

Die Basis ist süße Sahne, manchmal auch ein Gemisch
aus süßer und saurer Sahne; für Gäste mit Kalorien-
angst kann mit Milch oder Joghurt verdünnt werden.
Eine große geschälte und entkernte Gurke wird auf
dem Rösti-Eisen geschabt, eine Knoblauchzehe
hauchfein geschnitten. Zum Abschmecken braucht es
einen Kochlöffel Salz und ebensoviel Zucker. Nun
rührt man drei, vier Eßlöffel zerzupftes Dillkraut in
die Suppe und stellt sie mehrere Stunden kalt. An
heißen Tagen wird sie mit Eiswürfeln aufgetragen.

ESTRAGON

Artemisia dracunculus

Dem Estragon wird bald Sibirien, bald die asiatische Hochsteppe als Urheimat zugewiesen; er ist eine überwinternde Staude aus der Artemisia- oder Beifußfamilie und somit ein Verwandter des Wermuts.

Seinen Namen erhielt er im maurisch beherrschten Spanien des 12. Jahrhunderts. Dort hieß er Tarkhun, was »kleiner Drache« bedeutet; denn sein Kraut galt als Heilmittel gegen den Biß giftiger Tiere und toller Hunde. Auch die französische und deutsche Bezeichnung Estragon und das englische Tarragon gehen auf Dragen = Drache zurück.

Der Estragon zählt mit Kerbel, Petersilie und Schnittlauch zu den *fines herbes*, zu den Aristokraten des Kräutergartens also. Der Geschmack seiner zarten, frischgrünen, lanzettförmigen Blättchen ist zugleich süßlich und leicht bitter, vor allem aber von äußerst starkem Aroma. Damit es nicht aufdringlich werde, empfiehlt es sich, Estragon stets sparsam zu dosieren. Aus dem gleichen Grunde wird Estragon oft mit andern Küchenkräutern gemischt: mit Dill, Kerbel, Schnittlauch und so fort. Doch meine ich: Wenn schon Estragon, dann lieber pur.

Estragon wird durch Ableger einer älteren Staude oder durch deren Teilung gezogen. Er liebt leichte Erde und einen sonnigen, trockenen Standort. Im Herbst schneidet man die Zweige zurück und schützt den Strunk vor tiefen Frösten. Nach drei bis fünf Jahren verliert das Gewächs an Lebenskraft; dann muß es verpflanzt werden.

Der Blütenstand ist wie bei den meisten Gewürzpflanzen unscheinbar, aber das Blattwerk nimmt sich recht zierlich aus, vor allem erfreut der lieblich-herbe Duft der Staude. Da Estragon üppig grünt und vergleichsweise selten gebraucht wird, kommt der Kräutergarten mit einem einzigen Busch aus.

ESTRAGON IN DER KÜCHE

Das Erste, das einem bei der Erwähnung von Estragon einfällt, ist die Königin unter den Steak-Zutaten, die *Sauce béarnaise*. Sie verdankt ihre Unvergleichlichkeit in erster Linie dem Estragon und erst in zweiter der Schalotte. Ihr Rezept findet sich in jedem Kochbuch, doch schrecken leider manche Hausfrauen vor der Langwierigkeit ihrer Zubereitung zurück.

Kinderleicht hingegen ist die Herstellung von Estragonessig: Die Französinnen stopfen einfach ein paar frische Estragonzweige in die Flasche und begießen sie mit Weinessig; nach einem deutschen Rezept wird der Essig kochend über das Kraut gegossen, zehn Tage daran stehen gelassen und dann abgeseiht.

Ebenso simpel ist die Bereitung von Estragonbutter: Zimmerwarme Butter wird mit frischgehackten Estragonblättern, die man kurz in siedendem Salzwasser abgebrüht hat, tüchtig vermengt und durch ein Sieb gestrichen. Diese aromatische Paste dient als Beigabe zu Spargel, Artischockenböden und zum Füllen von Avocado-Birnen.

Estragonsenf wird von den französischen Moutardiers fixfertig auf den Markt gebracht. Wo er nicht greifbar ist, fertigt man ihn selber, indem man scharfen Senf mit frischen oder gedörrten, im Mörser zerstoßenen Estragonblättern vermischt.

Die einfachste Estragon-Sauce besteht aus einer Béchamel, der man feingehackte Estragonblätter im Augenblick beifügt, da man sie vom Feuer genommen hat. Aparter ist diese *Purée d'estragon*: Hundert Gramm in Salzwasser abgebrühte und gut abgetropfte Estragonblätter werden mit den Dottern von sechs hartgesottenen Eiern und fünfzig Gramm Butter vermengt, abgeschmeckt, durch ein Haarsieb getrieben und als Beigabe zu gekochtem Fisch gereicht. Auch als Aufstrich von kleinen Sandwiches eignet sich diese Purée vorzüglich.

Liebhaber des Estragongeschmacks mischen die frisch gepflückten Blättchen mit Kopf- und Tomatensalat oder streuen sie nach dem Beispiel der Russen und Armenier über gegrilltes Fleisch.

FENCHEL

Foeniculum vulgare

Am Fenchel bewährt sich die verfeinerte Zunge. Verhält es sich doch so, daß die Samen und die Blätter dieses Doldengewächses beinahe dasselbe Arom besitzen wie diejenigen von Anis und Dill und daß man beide immer dann verwenden kann, wenn Anissamen und Dillkraut vorgeschrieben sind. Doch ist die Übereinstimmung nur ungefähr, weshalb der gewiegte Gewürzkenner alle drei Vettern in seinem Garten zieht.

Die Beliebtheit des Fenchels reicht in graue Vorzeiten zurück, und so lange ist er schon bei uns zu Gast, daß die Staude unter milden Himmeln der Alten und der Neuen Welt längst wild vorkommt.

Die heilenden Wirkungen, die dem Fenchel seit den Pharaonen zugeschrieben werden, sind mannigfach wie bei allen aromatischen Kräutern, und noch heute trinken stillende Mütter in Frankreich einen Absud aus Fenchelsamen, um ihre Milch zu vermehren. Auch der Glaube, daß Fenchel schlank mache, hat sich erhalten; sein Grund: die von der Wissenschaft bestätigte Eigenschaft, Fette auszugleichen und abzubauen.

Ein anderer, dem Fenchel zäh anhaftender Ruf: seine

Unverträglichkeit mit Gartennachbarn. Es heißt, daß der Fenchel diese verkümmern lasse oder an der Samenbildung hindere. Ob das zutrifft, habe ich nicht selber erprobt, doch weise man ihm schon deshalb einen abgesonderten Standort zu, weil die mehrjährige Fenchelstaude mit ihren blau-grünen Stengeln und gelben, vielstrahligen Doldenblüten an sonnigen Stellen oft über mannshoch wird. Ist es einem mehr um das Kraut als um die Samen zu tun, so empfiehlt es sich, Fenchel früh im Jahr und dann in Abständen von zwei, drei Monaten bis in den Herbst hinein auszusäen.

Neben dem hier gemeinten, gewöhnlichen Fenchel gibt es auch die Spielart, die botanisch *Foeniculum vulgare dulce* heißt. Sie zeichnet sich aus durch einen knollenartigen, aus innig verbundenen Jungblättern gebildeten Sproß, der unter dem Namen *finocchio* in Italien seit alters hochbeliebt war und nun auch unsere Märkte erobert hat. Da es sich bei ihm aber nicht um ein Gewürzkraut, sondern um ein Koch- und Salatgemüse handelt, sei nicht weiter auf ihn eingegangen.

FENCHEL IN DER KÜCHE

Fenchelsamen kann für jedes Süß- und Brotgebäck anstelle von Anis verwendet werden; welchem von beiden man den Vorzug gibt, ist eine Frage des persönlichen Geschmacks.

Weniger bekannt, aber sehr zu empfehlen ist der Gebrauch von Fenchelsamen dort, wo sonst Kümmel die

Regel ist. Also für Sauerkraut, Suppen, Saucen, Kartoffel-Gratin und fette Fleischspeisen wie Schweinebraten und geschmorte Nieren.

Im Gegensatz zum Samen darf das Fenchelkraut nie mitgekocht werden. Man fügt es Suppen, Saucen und Gerichten erst im letzten Augenblick vor dem Anrichten bei.

Wie Dill ist Fenchelkraut der große Freund von gekochtem Fisch. Es begleitet ihn feinzerzupft oder -geschnitten in einer Béchamel-Sauce oder – noch feiner – in einer Fenchel-Sahne-Sauce. Sie wird so gemacht: Eine Tasse Sahne schlägt man mit dem Schneebesen so lange, bis sie dicklich, aber noch nicht steif ist. Dann rührt man einen Eßlöffel Zitronensaft, in welchem etwas Honig aufgelöst wurde, darunter, würzt mit Salz und Pfeffer und vermengt alles mit zwei gehäuften Eßlöffeln sehr fein geschnittenem Fenchelkraut.

Ganz unentbehrlich ist Fenchelkraut in Umbrien und in den Marken. Es wird dort zur Unterscheidung vom Gemüsefenchel *finocchio selvatico*, also wilder Fenchel genannt und dient vor allem für die Zubereitung des umbrischen Nationalgerichtes, der *porchetta* oder Spanferkel. Das Tier wird mit Fenchel, Knoblauch, Minze und Rosmarin gestopft, zugenäht und am Spieß gebraten. Auch gegrillte Hühner erfahren dort die gleiche Prozedur, während in Urbino und Umgebung Fenchelkraut für Wildkaninchen und wiederum für Spanferkel Verwendung findet.

KERBEL

Anthriscus cerefolium

Anthriscus vulgaris, der Gemeine Kerbel, wächst massenhaft auf unsern Sommerwiesen; leider gehen ihm die aromatischen Tugenden der Spielart *Anthriscus cerefolium* oder Gartenkerbel ab. Der letztere kam über Südosteuropa aus Asien zu uns. Die Römer schätzten ihn sehr und verpflanzten ihn nach Gallien, Britannien und ins südliche Germanien. In allen diesen Ländern wird er noch heute gehegt. Viele französische Köchinnen geben ihm vor der Petersilie den Vorzug; er gehört zum eisernen Bestand des englischen Kräutergartens, und in Süddeutschland ist die Kerbelsuppe am Gründonnerstag Tradition.

Der Kerbel ist ein mittelhohes Doldengewächs, einjährig, mit hellgrünen, schöngefiederten, farnähnlichen Blättern. Er liebt leichte, lockere Erde und Feuchtigkeit. Die pralle Sonne verträgt er schlecht. Es empfiehlt sich daher, die Sommeraussaat im Halbschatten zu tätigen. Womit schon gesagt ist, daß man Kerbel mehrmals aussäen sollte: zuerst im Frühjahr und dann etwa alle vier Wochen bis Ende August oder Anfang September. Denn Kerbel wächst rasch und seine Blättchen müssen vor der Blüte geerntet

werden; später werden sie ledrig und verlieren ihr zartes Aroma.

Der Geschmack des Kerbelblattes erinnert an denjenigen der Petersilie und des Fenchels; ja sogar einen Hauch von Anis kann man daraus spüren. Kerbel verträgt sich gut mit anderen Kräutern, vor allem mit Basilikum, Petersilie und Schnittlauch. Da sein Aroma zwar unverwechselbar, aber sehr zart ist, darf man großzügig mit dem Kraut umgehen.

Manche Autoren behaupten, Kerbel eigne sich nicht zum Dörren. Dem ist nicht so. Wenn die Blättchen an einem kühlen, luftigen Ort getrocknet und dann gutverschlossen und im Dunkeln aufbewahrt werden, behalten sie viel von ihrer Würzkraft.

KERBEL IN DER KÜCHE

Für jedes Rezept, das die Zugabe von Petersilie vorschreibt, kann an deren Stelle mit Vorteil Kerbel verwendet werden. Er dient bei der Zubereitung von Omeletten und Rühreiern, steht jedem Salat wohl an und bewährt sich allein oder zusammen mit andern *fines herbes* beim Würzen von Yoghurt, Quark und Weißkäse.

Delikat schmeckt Kerbel in einem Avocado-Salat: Eine nicht zu reife Avocado-Birne wird geschält, entsteint, der Länge nach in Streifen geschnitten, mit Zitronensaft beträufelt, gesalzen, gepfeffert und reichlich mit frischgepflücktem, zerzupftem Kerbel bestreut.

Noch einfacher ist diese Vorspeise: Erkaltete Pellkartoffeln werden geschält, in nicht zu dünne Scheiben geschnitten und mit einer dünnflüssigen Mayonnaise überzogen, unter die man zwei, drei Eßlöffel Kerbelkraut verrührt hat.

Kerbel ist ein Suppenfreund. Gehackte Kerbelblätter und eine Tasse Sahne vermögen eine ganz gewöhnliche Kartoffelsuppe zu verzaubern. Beides wird der Suppe nach dem Anrichten oder erst im Teller beigegeben; wie denn Kerbel ganz allgemein entweder nur kurz oder überhaupt nicht mitgekocht werden sollte.

Was nun die berühmte Gründonnerstagssuppe betrifft, so gibt es für sie mehrere Rezepte, die aber nur wenig voneinander abweichen. Ein hundertjähriges lautet so:

Etwas kleingeschnittenes Wurzelwerk wird eine Weile in Butter geschwitzt, worauf man einen Kochlöffel Mehl darüber stäubt und ebenfalls eine Weile schwitzen läßt, so viel Fleischbrühe oder siedendes Wasser darauf füllt, als man zur Suppe bedarf, und diese damit verkocht, dann durchseiht und mit einer Handvoll feingehacktem Kerbel noch eine Viertelstunde leise kochen läßt; man legiert die Suppe kurz vor dem Anrichten mit einigen Eidottern, tut ein Stück frische Butter daran und trägt sie mit gerösteten Brotwürfeln auf.

KNOBLAUCH

Allium sativum

A m Knoblauch scheiden sich die Geister. Wer ihn liebt, kann sich die Existenz ohne dieses Gewürz nicht vorstellen; wer ihn verabscheut, begreift jenen kastilischen König, der Anno 1330 einen Orden gründete, dessen Ritter sich des Knoblauchverzehrs zu enthalten hatten.

Nun, auch der erklärte Liebhaber dieses Liliengewächses muß zugeben, daß ihm Knoblauchgeruch an Drittpersonen immer dann unerträglich ist, wenn er für einmal selber auf das Gewürz verzichtet hat. Problemlos ist der Genuß darum nur in Ländern, wo jeder täglich, er mag es wollen oder nicht, Knoblauch in irgendeiner Form zu sich nimmt und deshalb immun ist gegen die Geruchsaura seiner Mitmenschen.

Aber nicht nur Menschen werden vom Knoblauch angezogen oder abgestoßen – auch Tiere reagieren vehement auf ihn. Ich machte es mir zunutze, indem ich in meinem Garten, der früher jeden Winter von Mäusen zerwühlt wurde, reichlich Knoblauch pflanzte. Seither lassen mich die Nager in Frieden.

Der Knoblauch stammt aus den Kirgisensteppen Innerasiens und macht dieser Herkunft Ehre: Sein

Duft und Geschmack sind wild, angriffig, mit nichts zu vergleichen und durch nichts anderes zu ersetzen. Wenn der Knoblauch rings um das Mittelmeer seit Urzeiten geliebt wird, so treibt die Provence mit ihm einen wahren Kult. Er ist für so gut wie alle provenzalischen Gerichte so unentbehrlich wie das Salz. Wer von Norden in diesen Garten Gottes gelangt, wird überwältigt vom allgegenwärtigen Knoblauchduft. Aber nur am ersten Tag. Dann ist er selber dem Zauber des Knoblauchs verfallen und nimmt ihn nicht mehr wahr. Ja selbst in die Literatur spielt dort der Knoblauch hinein: Als sich Frédéric Mistral entschloß, die Ehre der provenzalischen Sprache zu retten und ein in diesem Idiom verfaßtes Periodikum gründete, nannte er es nach dem vornehmsten aller Knoblauchgerichte »Aioli«.

KNOBLAUCH IN DER KÜCHE

Auch Knoblauchgegner müssen gestehen, daß Lamm und Hammel ohne diese Zutat eine traurige Figur machen. Das gleiche gilt von Gerichten aus wildgewachsenen Pilzen; ihr zart-wilder Geschmack wird durch die Beigabe von Knoblauch nicht etwa übertönt, sondern im Gegenteil hervorgehoben. Eine ideale Verbindung der Begriffe »frugal« und »lekker« erzielt man mit einem Knoblauchbrot. Man verarbeitet fünfzig Gramm Butter tüchtig mit zwei oder drei zerriebenen Knoblauchzehen, bestreicht mit dieser Paste ein der Länge nach zerteiltes Pariserbrot, packt es in Alufolie und schiebt es für zehn Minuten in den heißen Backofen.

Aus Kreta habe ich das Rezept für eine Sauce mitgebracht, die dort in Öl gebackene Gemüse wie Auberginen und Zucchetti, aber auch gesottenen oder gebratenen Fisch begleitet. Sie heißt Skordalia, und man benötigt dafür zwei große oder vier kleinere Knoblauchzehen, eine Handvoll geschälte Mandeln, ein großes Stück Weißbrot, Salz, Olivenöl und Weinessig oder Zitronensaft. Zuerst werden Knoblauch, Mandeln und Salz, dann auch das in Wasser eingeweichte und nachher ausgepreßte Brot im Mörser zu einem glatten Mus verarbeitet. Man gießt zwölf Teelöffel Öl und dann abwechslungsweise und nach Belieben Öl und Saures hinzu, bis eine Sauce von der Konsistenz einer Mayonnaise entsteht.

Was nun das berühmte Aioli betrifft, so ist seine Herstellung noch einfacher: Vier im Mörser gründlich zerkleinerte Knoblauchzehen werden mit einem Eidotter und einer Prise Salz innig vermischt, worauf man nach und nach und unter stetigem Rühren einen Viertelliter Olivenöl hinzugibt. Aioli stellt zusammen mit in Wasser gekochten Kartoffeln, Karotten, grünen Bohnen und kleinen Zwiebeln einen Hauptgang dar. Pochierter Stockfisch macht daraus das klassische, provenzalische Karfreitagsgericht.

KORIANDER

Coriandrum sativum

Der Koriander ist ein mittelhohes Doldengewächs, das Ähnlichkeit mit Anis und Fenchel
hat. Seine Blätter sind feingefiedert und frischgrün;
die recht ansehnlichen Blüten spielen meist von Weiß
ins Rötliche hinüber. Die Frucht ist ein zierliches,
längsgeripptes Kügelchen, etwas kleiner als ein Pfef-
ferkorn, das zwei innig aneinanderhaftende Samen
enthält.

Woher der Koriander stammt, weiß man nicht genau,
doch deutet seine Vorliebe für warme, trockene
Standorte auf den Vorderen Orient. Gut im Bilde hingegen ist man über sein ehrwürdiges Alter. Zur Pha-
raonen-Zeit wurde Koriander als Heil- und Gewürz-
pflanze hochgeschätzt, und im 16. Kapitel des Buches
Exodus wird das vom Himmel gefallene Manna mit
Koriandersamen verglichen.

Die Griechen nannten in nach *koris* = Wanze *koria-
non*, und so heißt das Gewächs seither in den westlichen Kultursprachen.

Dieser nicht gerade feine Namensursprung erklärt
sich damit, daß die ganze Pflanze im grünen Zustand
einen etwas unangenehmen Geruch ausströmt, der
noch heute in allen Kräuterbüchern als »wanzenähn-

lich« bezeichnet wird. Man fragt sich nur, woher die Autoren so genau wissen, wie Wanzen riechen . . .

Der Koriander ist ein einjähriges Gewächs, das sich leicht aus Samen ziehen läßt. Er kann geerntet werden, sobald die Farbe der kleinen Kugelfrüchte von Grün zu Grau wechselt. Man schneidet die ganze Pflanze dicht über dem Boden ab, hängt sie zum Ausreifen der Früchte in den Schatten und drischt diese dann aus.

Bevor wir uns mit den Küchentugenden des Korianders befassen, sei daran erinnert, daß wir seines Aroms oft teilhaftig werden, ohne es zu wissen. Es ist in der Chartreuse und andern Schnäpsen, in manchen Schokoladen und in vielen Wurstsorten, ja sogar in bestimmten englischen Tabakmischungen enthalten. Koriander dient dem Apotheker zum Versüßen bitterer Pillen; vor allem aber ist er einer der wichtigsten Bestandteile des indischen Curry-Pulvers.

KORIANDER IN DER KÜCHE

Der Koriander hat die merkwürdige Eigenschaft, daß sein höchst reizvoller Geschmack süßen Gerichten ebensowohl wie scharf-salzigen ansteht. Wer dieses Arom liebt, tut gut daran, neben der Pfeffer- auch eine Koriandermühle in der Küche stehen zu haben, um Suppen, Saucen, Marinaden, Ragoûts zu würzen, das Fleisch vor dem Braten mit Koriander einzureiben oder diesen vor dem Panieren unter die Brotbrösel zu mischen.

In der arabischen Küche, wo Koriander *qosbour* heißt, werden die frischen Blätter und Stiele des Gewächses für fast alle Schmorgerichte verwendet, stets aber für den Teig des hochbeliebten *kefta* oder Hackbeefsteaks.

Ein Kompott aus Äpfeln, Birnen oder Pfirsichen erhält durch die Beigabe von etwas Koriander eine besondere Note. Auch sei das Rezept für eine Orangen-Zitronen-Marmelade mitgeteilt, das ich der trefflichen englischen Kräuterkennerin Rosemary Hemphill verdanke:

Vier Orangen und zwei Zitronen werden ungeschält zerkleinert und während zwölf Stunden in kaltes Wasser gelegt. Dann bringt man sie mit zwei Eßlöffeln zerquetschtem Koriandersamen, den man in ein Leinensäckchen eingenäht hat, zum Kochen. Wenn die Schalen der Zitrusfrüchte weich sind, gibt man achthundert Gramm Zucker bei und läßt weiterkochen, bis sich die Marmelade setzt. Man füllt sie in Gläser, nachdem man das Korianderbeutelchen entfernt hat.

Daß Koriander zu den traditionellen Gewürzen für Weihnachtsgebäck zählt, ist bekannt. Man gebe sich aber nicht mit den Angaben der Rezeptbücher zufrieden, sondern ersetze versuchsweise den Anis, den Zimt oder die Vanille durch Koriander.

KÜMMEL

Carum carvi

Weil man in Überresten von Pfahlbauten seinen Samen gefunden hat, wird der Kümmel als das älteste aller Gewürze angesprochen. Jedenfalls ist er das einzige, dessen Urheimat nicht irgendwo jenseits der Alpen, sondern in unseren Breiten liegt. Eines der wenigen auch, die allenthalben und von einem Gewächs geerntet werden können, das durch keinerlei Züchtung verändert wurde. Weshalb man den Kümmel im Gewürzgarten vergleichsweise selten antrifft.

Der Kümmel verdankt seine jahrtausendealte Beliebtheit einer Würzkraft, die sich nicht nur die Küche, sondern auch die Schnapsbrenner zunutze machen: Er ersetzt im skandinavischen Aquavit die für Korn, Gin und Genever verwendete Wacholderbeere und hat dem im Baltikum beheimateten Kümmel-Liqueur den Namen gegeben.

Anderseits verdankt er seine Popularität der Eigenschaft, fette oder sonstwie schwerverdauliche Speisen bekömmlich zu machen. Er hat sich deshalb vor allem in Ländern behauptet, in welchen Schweinefleisch und -schmalz, Kohl- und Kartoffelgerichte, Speck und Wurst und andere schwere Kost Trumpf sind. Wo hingegen die Ölküche regiert, in den Mittelmeer-

ländern also, ist Kümmel kaum dem Namen nach bekannt.

Unter den einheimischen Doldengewächsen kommt
die wilde Rübe oder Möhre dem Kümmel im Aussehen am nächsten; seine nächsten Verwandten im Gewürzgarten hingegen sind Dill, Fenchel, Kerbel und
Anis.

Der Kümmel ist leicht zu ziehen. Jeder Boden ist ihm
recht, vorausgesetzt, daß ihm Wasser reichlich gespen-
det wird. Sät man ihn im August aus, so bringt er
schon übers Jahr die ersten Früchte. Man schneidet
dann die ganze Staude ab und hängt sie zum Ausreifen an einen trockenen Ort; dann werden die Samen
ausgedroschen oder ausgeschüttelt. Sie müssen gut
verschlossen und vor Licht geschützt werden. Eine
Staude läßt man stehen; sie versämt sich dann von
selber.

Frisches Kümmelkraut kann man notfalls auch anstelle von Dill verwenden.

KÜMMEL IN DER KÜCHE

Es gibt wenige Gerichte, für die Kümmel unentbehrlich ist, hingegen sehr viele, die durch dieses
Gewürz an Wohlgeschmack und Bekömmlichkeit
ganz wesentlich sind.

Man kann sich da ein Beispiel an den ungarischen
Köchinnen nehmen. Sie geben Kümmel der Gulyas-
Suppe und dem Schweinebraten, dem Sauerkraut
und den Gelegten Kartoffeln (Rakott Krumpli), dem

Hackbraten und vielen Topfen- oder Quarkgerichten, dem Salat aus Weißkohl oder Roten Beeten – kurz allem bei, was schwer auf dem Magen liegen könnte.

Sehr zu empfehlen ist Kümmel als Begleiter von fast allen Weichkäsen; so schmeckt der leider nur im Winter erhältliche Vacherin mit Kümmel doppelt so gut – ob man nun seinen sahnigen Teig reichlich mit den hellbraunen Körnern bestreue oder ihn zusammen mit Kümmelroggenbrot genieße.

Kümmel-Sauce, eine weiße, mit einem Eßlöffel gestoßenem Kümmel gewürzte, mit zwei Eidottern und einem Stück Butter verfeinerte Mehlschwitze auf Bouillon-Basis, ist eine vorzügliche Beigabe zu fetten Fischen wie Karpfen und Schleien, aber auch zu heißgemachtem, im Reisring angerichtetem Büchsenthon.

Und hier noch ein mehr als hundertjähriges Rezept für Kümmelstangen, ein nur schwach gesüßtes, delikates Teegebäck:
Man knetet ein halbes Pfund erwärmtes Mehl mit einem Viertelpfund Butter und etwas in lauer Milch aufgelöster Hefe, einer guten Prise Salz und zwei, drei Eßlöffeln Zucker durcheinander, schlägt den Teig, läßt ihn aufgehen, formt ihn zu fingerdicken und -langen Stäbchen, bestreicht sie mit Ei, bestreut sie reichlich mit Kümmel, läßt sie noch etwas ruhen und bäckt sie bei mäßiger Hitze hellbraun.

LIEBSTÖCKEL

Levisticum officinale

Zu einer Zeit, da der Besuch der etruskischen Felsengräber bei Tarquinia noch einem kleinen Abenteuer gleichkam, durchwanderte ich an einem brütendheißen Augustvormittag die Nekropolis. Die unbewegte Luft zitterte in der Hitze und war getränkt von einem beizend-scharfen, fast atemberaubenden Würzduft. Er rührte her von einem gelbblühenden, das steinige Hügelgelände mit fast mannshohen Büschen überziehenden Doldengewächs: Liebstöckel.

Liebstöckel ist ein naher Verwandter von Kerbel und Sellerie. Sein heftiges Aroma, das Stengel, Blattwerk und Samen, vor allem aber der fleischigen Wurzel eigen ist, unterscheidet sich trotz einiger Ähnlichkeit entschieden vom Selleriegeschmack und -duft und übertrifft dasjenige des Kerbels an Würzkraft. Weshalb Liebstöckel immer nur in kleinen Dosen gebraucht werden soll.

Sowohl der deutsche Name Liebstöckel als auch das englische *lovage* leiten sich von der lateinischen Bezeichnung *levisticum* und über diese vom griechischen *libystikos* ab; da aber in beiden Benennungen Liebe, beziehungsweise *love* anklingen, schrieb der deutsche

sowohl als der englische Volksglaube dem Gewächs aphrodisische Wirkung zu. So haben in einigen Gegenden junge Mädchen Liebstöckelessenz ins Badewasser getan, um sich der Aufmerksamkeit der Männerwelt zu versichern. Daher der Vulgärname Badekraut.

In Hellas und im alten Rom war Liebstöckel als Heil- und Würzpflanze hochgeschätzt. Die Römer brachten das Kraut, das auch in nördlichen Breiten leicht zu ziehen ist, über die Alpen. Dort fand es recht unterschiedlichen Zuspruch.

Selbst in sehr ausführlichen französischen Kräuterbüchern sucht man es umsonst, während in England Liebstöckel zusammen mit Thymian, Salbei und Minze, Majoran, Petersilie, Schnittlauch und *Welsh onion* (Schnittzwiebeln) zu den Gewächsen zählt, die auch im bescheidensten Gärtlein präsent sein sollten.

In Deutschland wurde Liebstöckel schon von der gelehrten Hildegard von Bingen als Heil- und Würzpflanze hoch gelobt, verbreitete sich in der Folge aber hauptsächlich südlich des Mains und in Thüringen. Da sein Duft und Geschmack an denjenigen einer populären Suppenwürze erinnern, nennt man ihn hier neuerdings Maggi-Kraut.

Liebstöckel ist ein überdauerndes Gewächs. Man kann ihn zwar auch aus Samen ziehen; einfacher jedoch ist es, den Wurzelstock einer älteren Pflanze zu trennen und die Teile neu einzusetzen. Da Liebstökkel in der Küche vergleichsweise selten gebraucht wird und zu ansehnlicher Größe heranwächst, kann man sich mit einem einzigen Exemplar begnügen.

LIEBSTÖCKEL IN DER KÜCHE

Wer Abwechslung liebt, kann für alle Rezepte, die Kerbel oder Selleriekraut vorschreiben, an ihrer Stelle auch Liebstöckel verwenden. So für Hackfleisch und Füllungen, für das Würzen von Saucen und Salaten und auch für die auf Seite 45 beschriebene »Gründonnerstagssuppe«.

Überhaupt die Suppen! In der Fleischbrühe nimmt sich Liebstöckel gut aus und besser noch in der Erbsen- und Kartoffelsuppe. In beiden kann das Kraut mitgekocht werden, doch empfiehlt es sich, frische anstelle von gedörrten Blättern zu gebrauchen. Auch vergesse man nicht, daß die Würzkraft des Liebstöckels diejenige des Kerbels um vieles übertrifft.

Wer auf den Geschmack des Liebstöckels anspricht, gibt ihn zusammen mit Petersilie und Schnittlauch in die *Omelette aux fines herbes* oder ins Kräuterrührei. Sonst aber lasse man Vorsicht walten bei der Mischung mit anderen Kräutern: Selbst vorsichtig angewendet übertönt er seine Gesellen leicht; nur Knoblauch, Zwiebeln, Majoran und Thymian vermögen sich gegen ihn zu behaupten.

MAJORAN

Majorana hortensis

Der Majoran heißt auf lateinisch auch *Origanum majorana*, was seine Verwandtschaft mit dem Origano anzeigt, der seinerseits oft als Wilder Majoran bezeichnet wird. Um die Konfusion voll zu machen, gibt es sowohl den ein- wie den mehrjährigen Majoran. Da sich der letztere in unserem Klima als nicht winterhart erweist, tut man gut daran, sich an das aus Samen oder Setzlingen gezogene, einjährige Kraut zu halten. Es wird etwa zwei Spannen hoch und soll beim Beginn der Blüte auf sechs, sieben Zentimeter herabgeschnitten werden, worauf eine zweite, üppige Ernte nachwächst.

Der Majoran zählt mit Rosmarin, Bohnenkraut, Basilikum und Thymian zu jenen Lippenblütlern, die sich durch heftige Würzkraft auszeichnen. Den Rang eines Königs unter den Küchenkräutern, den ihm viele Autoren zugestehen, kann ihm nur das Basilikum streitig machen; an vielseitiger Verwendbarkeit hingegen ist er einzigartig.

Das Gewächs stammt nach den einen aus dem östlichen Mittelmeerraum, nach den andern aus Nordafrika. Den Völkern der Antike war es lieb und teuer. Die Ägypter brauchten es zu Heil- und Würzzwecken; die

Römer pflanzten es als Sinnbild des Friedens auf ihre Gräber. Auch mit der Liebe wurde Majoran seit jeher in Verbindung gebracht; es diente als Ingredienz von Liebestränken und wurde der Braut in den Kranz geflochten.

Ein alt-ehrwürdiges, vornehmes, durch ein lieblich-kraftvolles Arom ausgezeichnetes Kraut also, das jedem Gewürzgarten wohl ansteht.

MAJORAN IN DER KÜCHE

Der Majoran gehört zu den wenigen Küchenkräutern, die sich getrocknet als würziger denn frischgepflückt erweisen. Auch besitzt er die Eigenschaft, beim Kochen und Braten nichts von seinem Arom einzubüßen. Beides erleichtert seine Verwendung in der Küche wesentlich.

Im deutschen Sprachgebiet denkt, wer Majoran sagt, an Blut- und Leberwurst. Daher sein Vulgärname Wurstkraut. Die Engländer brauchen *sweet marjoram* – dies ihre Bezeichnung für das einjährige Gewächs – für ihre Leibspeise Shepherd's Pie, und in den Vereinigten Staaten wird das Gewürz Tag für Tag in gigantischen Mengen für die Hamburger-Fabrikation verwendet.

In Frankreich heißt das Kraut *marjolaine* – so könnte auch die Heldin eines Stücks von Maurice Maeterlinck heißen! Dort wird es mit Vorliebe als Würze für in Butter gedünstete Gemüse gebraucht: Karotten, Schwarzwurzeln, Zuckererbsen, Gurken.

Damit aber sind die Verwendungsmöglichkeiten des Majorans noch lange nicht aufgezählt. Er ist die ideale Beigabe zu Suppen sowie zu klaren und gebundenen Saucen; fettem Geflügel wie Ente und Gans steht er wohl an; dem etwas faden Kalbfleisch verleiht er Rasse, dem mit ihm gewürzten Beefsteak ein köstliches Arom; schließlich ist Majoran aus den meisten Farcen und Pasteten nicht wegzudenken.

Mit einem Wort: der Majoran fordert die Phantasie der Köchin heraus, und wenn sie ihn sparsam, am besten als einziges Gewürz oder allenfalls zusammen mit etwas Salbei, Thymian oder Bohnenkraut verwendet, kann sie eigentlich nicht fehlgehen.

Neben dem Gewürzglas mit getrocknetem Majoran sollte immer auch eine Flasche Majoranessig zu finden sein. Seine Herstellung ist denkbar einfach: Ein weithalsiges Gefäß wird mit frischgepflückten Majoranzweigen nicht zu sparsam gefüllt; darüber gießt man guten Weinessig und läßt diesen während zwei Wochen an dem Kraut stehen, worauf man ihn durch ein Haarsieb oder ein Tuch seiht.

Ein Wort noch zum Verhältnis des Majorans zum Origano: Der Geschmack des Majorans ist feiner – ich möchte sagen: nobler als derjenige seines wildwachsenden Vetters und daher für die meisten Gerichte geeigneter; zur Not aber kann man das eine Gewürz jeweils durch das andere ersetzen.

MEERRETTICH

Armoracia

Im Volk der Küchenkräuter ist der Meerrettich der heftigste, wildeste Geselle. Er treibt den Leuten das Wasser in die Augen und den Schweiß auf die Stirn.

Eine Schönheit ist er nicht, aber stattlich kann man ihn heißen. Seine Staude wird über meterhoch, die langlappigen, tiefgekerbten Grundblätter messen zwei Spannen und mehr, der Blütenstand ist wie bei allen Kreuzblütlern unscheinbar: Im Frühsommer krönt ihn eine weiße Rispe, deren kleine Blüten sich wenig von denen des artverwandten Kohls unterscheiden.

Was ihn auszeichnet, ja für den Feinschmecker unentbehrlich macht, versteckt sich unter der Erde: Seine lange, außen braungelbe, innen schneeweiße, festfleischige Pfahlwurzel enthält außer lebenswichtigen Ingredienzen und viel Vitamin C ein ätherisches Öl und andere Wirkstoffe, die ihr einen ungemein scharfen, hocharomatischen Geschmack verleihen. Dieser verliert sich allerdings beim Erhitzen großenteils, weshalb Meerrettich immer roh genossen oder gekochten Gerichten erst dann beigegeben werden soll, wenn sie vom Feuer genommen sind.

Wie viele wilde Naturen ist der Meerrettich im Grunde gutmütig. Er läßt sich aus Wurzelschnittlingen, die im März eingepflanzt werden, leicht ziehen und vermehrt sich in der Folge selber. Die im Oktober geernteten Wurzeln können, in Sand eingeschlagen, an einem kühlen Ort während des ganzen Jahres aufbewahrt werden. So ist immer frischer Meerrettich zur Hand, was uns von der nach Konservierungsmitteln schmeckenden Gläserware dispensiert.

Der Meerrettich kam aus dem südöstlichen Europa zu uns. Diesseits der Alpen wurde er im 12. Jahrhundert erstmals erwähnt von der Mutter mittelalterlicher Botanik, der heiligen Hildegard von Bingen. In neuerer Zeit eroberte er die Welt. Die Franzosen tauften ihn *raifort*, was scharfe Wurzel, die Italiener *barbaforte*, was scharfer Bart bedeutet. Bei den Engländern heißt er *horseradish*, und auch den Deutschen fiel bei seinem Genuß ein Pferd ein; allerdings eine Mähre. Woraus dann das nicht eben sinnvolle Meer wurde.

MEERRETTICH IN DER KÜCHE

Die Köche der romanischen Länder wissen mit dem Meerrettich nicht allzuviel anzufangen; um so beliebter ist er in England, in Osteuropa und im deutschsprachigen Raum. Besonders oft figuriert er auf österreichischen Speisekarten, wo er den Namen Kren trägt.

Die wilde Schärfe des Meerrettichs verträgt sich aufs beste mit milden, ja süßen Dingen: mit Äpfeln, Preiselbeeren, Avocados und Mandeln, mit Butter, Schlagsahne, Mayonnaise und Béchamel-Sauce – ja sogar der Cumberland Sauce kann er statt Cayenne-Pfeffer in kleinen Dosen als letzter Pfiff zugefügt werden.

Seine Anwendung ist denkbar einfach:

Für Meerrettichbutter wird die frischgeraspelte Wurzel mit süßer Butter, für Meerrettich-Mayonnaise mit einer solchen, für Apfelkren mit geraspelten, rohen Äpfeln, einem Glas Weißwein und einem Stück Zucker verrührt.

Für die Füllung von Avocado-Birnen wird geraspelter Meerrettich, den man mit Zitronensaft und etwas Zucker verrührt hat, unter Schlagsahne gemischt, kalt gestellt und dann in die Fruchthälften eingefüllt.

Zu Siedefleisch ist – nach österreichischen Begriffen – Kren in irgendeiner Zusammenstellung ein selbstverständlicher Begleiter. Aber auch zu heißer oder kalter Ochsenzunge, Hecht und Karpfen, zu Rauchfleisch und zum Tatargemisch gesellt er sich mit Vorteil. Schließlich sei erwähnt, daß einige Rondellen Meerrettich den in Essig eingelegten Junggemüsen oder Mixed Pickles wohl anstehen.

MELISSE

Melissa officinalis

A uch wenn die Melisse zu nichts nütze wäre, gehörte sie in jeden Kräutergarten. Und das nicht ihres schönen Aussehens, sondern des köstlich-erfrischenden Duftes wegen, den das Gewächs ausströmt, und dessen zitronenähnliches Arom ihr den Vulgärnamen Zitronenkraut eingetragen hat.

Im Aussehen unterscheidet sich dieser Lippenblütler wenig von den Minzen, nur daß die rosa oder blaßblau getönten, manchmal auch gelblich-weißen Blüten der Melisse in den Achseln der hellgrünen, ausgezackten, starknervigen Blätter und nicht ährenförmig darüber stehen.

Die Griechen gaben der Melisse denselben Namen wie der Honigbiene – wohl deshalb, weil ein Melissenbeet den ganzen Sommer über köstlichen Nektar die Fülle bietet; auch hat man früher die Bienenkörbe mit Melissenkraut eingerieben.

Die Melisse ist eine ausdauernde Staude, die etwas über einen Meter hoch wird. Sie ist an sonnigen Lagen aus Samen oder durch Wurzeltrennung leicht zu ziehen. Da sie aus dem warmen Klima des östlichen Mittelmeers stammt, empfiehlt es sich, die Pflanze im Spätherbst zurückzuschneiden und mit Stroh oder

dürrem Laub gegen harte Fröste zu schützen. Der Wohlgeschmack des Krautes ist vor der Blütezeit am ausgeprägtesten, weshalb die für das Dörren bestimmten Blätter im Frühjahr geerntet werden sollten; sie wachsen übrigens rasch nach.

Die Melisse zählt zu den ältesten und berühmtesten Heilpflanzen. Melissentee wurde als mächtiges Mittel gegen Melancholie gebraucht, und noch heute mischen die Engländerinnen oft ein paar Melissenblätter unter den indischen Tee, um diesem eine beruhigende Wirkung zu verleihen.

Auch in dem seit Jahrhunderten als Hausmittel geschätzten Karmelitergeist spielt Melisse neben Nelken, Muskat und Zimt die Hauptrolle.

Welch hohen Ruf die von den Römern nach Britannien gebrachte Melisse dort seit je genießt, geht daraus hervor, daß sie dort schlicht *balm* = Balsam genannt wird.

MELISSE IN DER KÜCHE

Die Verwendung der Melisse in der Küche kann mit einem einzigen Satz umschrieben werden: Überall dort, wo Zitrone am Platz ist, ist auch Melisse willkommen. Also in Fisch-, Pilz- und Geflügelgerichten, in Suppen und Mayonnaisen, in grünen Saucen und in Kräutermischungen, die zum Würzen von Joghurt, Quark und Frischkäse dienen.

Eine reizvolle Zutat sind Melissenblätter auch zu grünem Salat, vor allem aber zu Fruchtsalat, Bowlen und eisgekühlten Sommergetränken. So empfiehlt es sich, eine leicht gesüßte Mischung aus Zitronensaft und Mineralwasser mit einem Büschel Melissenzweigen zu parfümieren.

Melisse sollte den Speisen und Getränken wenn immer möglich frischgepflückt beigegeben werden; gedörrte Melissenblätter muß man luftdicht verschlossen, im Dunkeln und nicht länger als ein Jahr aufbewahren.

Die feinsten Melissen-Rezepte stammen aus England. So dasjenige für einen Salat, der als Beigabe zu warmem oder kaltem Entenbraten gedacht ist, sich aber auch für Truthahn und Schinken eignet: Für jeden Esser schält man eine Orange und teilt sie in Schnitze, die mit einem spitzen Messer von ihren Häutchen befreit werden. Man legt sie in eine Schale und streut feingehackte Grünpfefferkörner darüber. Nun wird eine Salatsauce aus viel Öl und wenig Essig angerührt, mit einer Handvoll sehr fein geschnittenen Melissenblättern verrührt und während einiger Stunden an den Orangenschnitzen stehen gelassen.

Ein Leckerbissen sind auch Melissen-Äpfel: Ungeschälte Äpfel werden ausgestochen, mit einer Masse aus feingehackten Melissenblättern, zerstoßenen Mandeln und Brotkrumen gefüllt, reichlich mit Butterflocken bedeckt und im Ofen gebacken.

ORIGANO

Origanum vulgare

Der Lippenblütler Origano ist ein naher Verwandter, fast ein Bruder des allbekannten und noblen Gewürzkrauts Majoran. Brüder können aber, was Temperament und Charakter betrifft, sehr verschieden sein. Und so verhält es sich auch mit diesen beiden. Der Vulgärname »Wilder Majoran«, der dem Origano neben andern im deutschen Sprachgebiet gegeben wurde, kann im zwiefachen Sinn verstanden werden: als wildwachsend im Gegensatz zum Gartenmajoran, aber auch von wild im Verstande von heftig, ungezähmt, ungebärdig. Alle diese Eigenschaftswörter treffen auf den Origano zu, sofern man ihn mit seinem sanfteren Bruder Majoran vergleicht, der deshalb im Englischen ausdrücklich als *sweet marjoram* bezeichnet wird.

Origano wurde bei uns bekannt und als Gewürz eingeführt durch Italienreisende, die ihn in der neapolitanischen Küche und dort vor allem als Bestandteil der Pizza kennengelernt hatten. Inzwischen ist er nördlich der Alpen recht populär geworden, ja manchen gilt er als das charakteristischste italienische Gewürz überhaupt.

Dem ist nicht so. Denn auch in der nördlichen Hälfte

74

des Stiefels ist Origano lediglich über die dort immer zahlreicher werdenden Pizzerien bekannt geworden, in der regionalen Küche Mittel- und Oberitaliens hingegen fehlt er ganz. Und selbst im Neapolitanischen, in Apulien, in der Basilicata, in Kalabrien und auf Sizilien wird Origano äußerst sparsam verwendet. So gibt es beispielsweise unter den hundert berühmtesten Rezepten der Region Neapel ganze neun, die den Gebrauch von Origano vorschreiben.

Origano kommt auch in der gemäßigten Zone der nördlichen Halbkugel wild vor. In Deutschland hat man ihm den Namen Dost gegeben und ihn seit alters in Gärten gezogen. Der Geschmack des einheimischen Gewächses ist indessen weniger ausgeprägt als derjenige des Mittelmeer-Origanos, weshalb bei uns das zerkleinerte oder gemahlene Kraut fast durchwegs eingeführt wird. Dagegen ist nichts einzuwenden, denn die Würzkraft bleibt beim Dörren erhalten. Auch gehört Origano zu den wenigen Gewürzen, deren Aroma durch das Kochen nicht nur keinen Schaden leidet, sondern im Gegenteil noch gesteigert wird.

Der Name Origano stammt aus dem Altgriechischen und bedeutet soviel wie »Freude der Berge«. Damit ist auch schon gesagt, daß die Staude einen respektablen Stammbaum besitzt. Auch als Liebeszauber, Talisman und Heilmittel gegen Magenstörungen, Gallenträgheit und Entzündungen war Origano voreinst hochgeschätzt.

Origano wird neuerdings oft anstelle von Majoran für Gerichte der klassischen Küche gebraucht, die sein wildes Arom schlecht vertragen; unbedenklicher, wenn auch unorthodox ist seine Verwendung in der exotischen Küche. Genaugenommen aber ist Origano nur in wenigen süditalienischen Vor-, Fisch- und Fleischspeisen am Platz und sollte auch dort mit Maß verwendet werden.

In der neapolitanischen Ur-Pizza, die nur aus Brotteig, Tomaten und Olivenöl besteht, gibt Origano neben Basilikum und Knoblauch den Ton an. Für die in der Folge erfundenen Phantasie-Pizzen hingegen werden an ihrem Ursprungsort nur die beiden zuletztgenannten Ingredienzen verwendet. Auf der andern Hand gibt es aber auch eine *pizza all'origano*, deren Teigboden mit Knoblauchzehen gespickt und dann reichlich mit Origano bestreut wird.

Des weiteren scheinen die Neapolitaner der Ansicht zu sein, daß Sardellen und Origano unbedingt zusammengehören: Alle mir bekannten Rezepte für die Zubereitung dieses Fisches schreiben Origano vor.

Auch zum Würzen der populären Pizzaiola-Sauce, von Auberginen, Pfefferschoten, Tomaten dient Origano den Neapolitanern, während ihn die Kalabresen den Artischocken, die Köchinnen der Basilicata einem Steinpilz- und die Apulier dem Kapaun- und Lammragoût zugesellen.

PETERSILIE

Petroselinum crispum

Die Petersilie ist ein Mädchen für alles, allbekannt, allbeliebt und täglich tonnenweise in aller Welt verwendet. Das Paradoxe an der Sache aber ist, daß von dieser Masse Grünzeug nur ein kleiner Teil – die Statistiker meinen: zehn Prozent – auch wirklich verzehrt wird; der Rest bleibt auf Platten und Tellerrändern liegen.

Daß dem so ist, verdankt die Petersilie einer Anbaupolitik, die mehr auf Augenweide denn auf Gaumenfreude aus ist. Will sagen: Man gibt der schön lackgrünen, aber faden Krauspetersilie den Vorzug vor der ungleich würzigeren glattblättrigen Spielart. Wem darum an dem kräftig-feinen Petersilienarom, das den Ruhm des Krautes seit Jahrtausenden ausmacht, gelegen ist, verschaffe sich Setzlinge oder Samen der letztgenannten Spielart.

Man sollte es nicht glauben, aber die harmlose Petersilie hat eine ausgesprochen makabre Vergangenheit. Bei den Griechen war das Kraut innig mit dem Totenkult verknüpft, und im Mittelalter glaubte man, daß jeder, der Petersilie aussäe, noch im selben Jahr vom Tod ereilt werde. Um diesem Los zu entgehen, legte man den Samen in eine Mauerritze, auf daß sich das

Gewächs im darauffolgenden Jahr im Erdreich selber
vermehre.

Die Petersilie ist ein Doldengewächs, dessen Blüte
man aber deshalb kaum je zu Gesicht bekommt,
weil die Blätter laufend geerntet werden. Die blühenden Pflanzen verlieren übrigens allen Wohlgeschmack.

Die Petersilie ist ein gutmütiger Kumpan, der überall
leicht gezogen werden kann: im Garten selbst an halb-
schattigen Stellen, in Balkonkästen und -töpfen, ja
selbst im Zimmer. Früher, als das Kraut noch nicht das
ganze Jahr über frisch oder tiefgefroren angeboten
wurde, behalfen sich die Köchinnen mit abgeschnitte-
nen Wurzelköpfen, die, in Tellern angeordnet und re-
gelmäßig begossen, auch im Winter das beliebte
Grünzeug lieferten.

PETERSILIE IN DER KÜCHE

Wer sich nicht mit bloß dekorativen Wirkungen zufrieden gibt, muß Petersilie großzügig
verwenden; denn ihr Geschmack ist zwar fein, aber
nicht sehr kräftig.

Daß Petersilie nur roh gebraucht werden darf, ist eine
Legende, die sich in Kräuterbüchern hartnäckig be-
hauptet; zählt doch beispielsweise die ausgebackene
Petersilie zu den delikatesten Beigaben für gebratenen
Fisch und viele Fleischgerichte.

Zu diesem Zweck taucht man so viele mit einem Faden gebundene Petersiliensträußchen, als Gäste gela-

den sind, ganz kurz, das heißt bis zur Verhärtung des Krautes, in siedendes Öl.

Gekocht wird die Petersilie auch im klassischen, der französischen Küche unentbehrlichen *bouquet garni*; sie wird dort von einem Lorbeerblatt und einem Zweiglein Thymian begleitet.

Auch der Umstand, daß die Petersilie zum obligaten Bestandteil der sogenannten *fines herbes* zählt, bringt es mit sich, daß sie in Omeletten und andern Eierspeisen mit dem Feuer in Berührung kommt.

Sodann gibt es eine Reihe warme Saucen, in denen die Petersilie den Ton angibt. So etwa in dieser Beigabe zu Fisch und Siedefleisch:

Drei Eidotter, ein Eßlöffel Mehl, drei Eßlöffel feingehackte Petersilie und dreißig Gramm zerlassene Butter rührt man mit ein wenig Wasser schön glatt, gießt nach und nach unter ständigem Rühren eine halben Liter kochende Fleischbrühe hinzu und läßt die Sauce einmal aufkochen.

Schließlich sei noch die Butter *à la maître d'hôtel* erwähnt. Ein Viertelpfund zimmerwarme Butter wird mit reichlich frischgehackter Petersilie, dem Saft einer Zitrone, Salz, Pfeffer und einer Spur Cayenne-Pfeffer gut verarbeitet, kalt gestellt und zu gekochtem Fisch oder Fleisch serviert.

PFEFFERMINZE

Mentha piperita

D er Mensch hat sich sehr früh für den scharf-
erfrischenden Geschmack der Minze begeistert
und gleich mehreren Wildformen dieses Lippenblütlers Gastrecht in seinen Gärten gewährt. Aber nicht
genug damit: Er kreuzte auch die einen mit den
andern und brachte dadurch Hybriden oder Zwitter
hervor, die sich nicht durch Samen, sondern durch
Ableger fortpflanzen. So ging beispielsweise aus der
Wasser- und der Grünen Minze die Pfefferminze,
Mentha piperita, hervor, die bei uns das Feld fast ausschließlich beherrscht. In Ländern hingegen, wo die
Minze als Würzpflanze hoch im Kurs steht, werden
für die verschiedenen Verwendungszwecke oft fünf
und sechs Sorten gezogen. So gehören in England
außer *pepper-* auch *curly-, apple-, bergamot-* und *spearmint*
sowie eine Variante mit dem Namen *pennyroyal* zum
eisernen Bestand des Kräutergartens.
Eine andere Hochburg des Minzenkults ist Marokko.
In der Morgenfrühe wird dort Minze, die auf Arabisch
nânâ heißt, massenhaft geerntet und erfüllt dann,
meist von Jugendlichen oder Greisen angeboten,
Straßen und Plätze mit ihrem köstlichen Duft. Sie
dient dem Marokkaner zur Bereitung seines National-

getränks, des stark gesüßten chinesischen Grüntees, der mit einem Büschel Minzenzweigen parfümiert wird. In der einheimischen Küche hingegen spielt die Minze eine bescheidene Rolle. Nur gerade im Schnekkensud und im Kefta, dem Hackbeefsteak aus Hammel- oder Kamelfleisch, ist sie neben Zwiebel, Koriander, Majoran und der Gewürzmischung Ras-el-hanout unentbehrlich.

In den amerikanischen Südstaaten gehört *mint julep* seit mehr als einem Jahrhundert zu den beliebtesten Sommergetränken. Als Basis dient ihm eine Essenz aus Zucker, Wasser und frischgepflückten und zerkleinerten Minzenblättern, die eine Stunde und mehr ziehen muß. Sie wird durchgeseiht und im Barglas mit Bourbon-Whisky und Eiswürfeln verrührt. Dann gießt man das Gemisch in große Gläser, die mit geschabtem Eis und Minzenzweigen gefüllt sind, und trinkt es durch Strohhalme. Man muß sich dazu einen heißen Sommernachmittag auf der Terrasse eines Landhauses in Kentucky vorstellen.

Ein alkoholfreier *mint julep* begleitet in England oft den sommerlichen Lunch: Reichlich frische Minzenblätter werden mit einer Tasse Zucker, ungesüßtem Ananassaft und drei ausgepreßten Zitronen einige Stunden angesetzt, durchgeseiht und mit drei Flaschen Ginger Ale aufgefüllt. Als Beigabe dienen frische Minzenzweiglein, Zitronenscheiben und Eiswürfel.

Wenn man einen englischen Speisesaal alten Stils um die Mittagszeit betritt, schlägt einem eine Schwade süßlichen Bratendufts entgegen. Er stammt von der *mint sauce*, ohne die jenseits des Kanals warmer oder kalter Hammel- und Lammbraten undenkbar ist. Ihre Zubereitung ist kinderleicht und nimmt nur wenige Minuten in Anspruch: Frische oder gedörrte Minzenblätter werden mit etwas heißem Wasser und einer halben Tasse Wein- oder Obstessig übergossen und mit Zucker oder Honig gesüßt.

Die Franzosen brauchen Minze für ein Gemüsegericht, das andernorts der Inbegriff des Banalen ist, *à la française* zubereitet aber eine seltene Gaumenfreude darstellt: Zuckererbsen.

Dazu braucht es möglichst frisch gepflückte, ganz zarte Zuckererbsen, das gelbe Herz eines Kopfsalats, die Röhrchen junger Zwiebelpflanzen, Minzenblätter, dreimal soviel Zucker wie Salz und 125 Gramm süße Butter. Kopfsalat und Zwiebelröhrchen werden zerkleinert und mit den Erbsen, den Minzenblättern, Zucker, Salz und Butter in einen gutschließenden Topf auf mäßiges Feuer gegeben. Man rüttelt den Topf von Zeit zu Zeit, um die Ingredienzen gut zu vermischen. Wenn die Erbsen wirklich jung und zart sind, bedarf das Gericht nur etwa zehn Minuten Kochzeit. Anstelle von frischausgepellten können auch tiefgefrorene Erbsen verwendet werden.

ROSMARIN

Rosmarinus officialis

D as Eigenschaftswort, das diesem Lippenblütler
gerecht wird, heißt balsamisch. Der starke Duft
und der heftige Geschmack der Rosmarinblätter und
-blüten erinnern an Kampfer, aber auch von ferne an
Weihrauch, und dieser Anklang an Sakrales ist
wohl auch schuld daran, daß das Gewächs zu allen
Zeiten und bei allen Völkern eine so große Rolle
spielte.

Rosmarin ist Sinnbild für Liebe und Treue. Nordische
Bräute steckten ihn anstelle der Myrte ans Mieder
oder flochten ihn zum Kranz. Kirchen wurden an
Hochzeiten mit ihm ausgeschmückt. Auch in Ophelias Wahnsinnsstrauß figuriert er: »Und da ist Rosmarin, das ist für die Treue.«

Liebe ist verflochten in den Tod; darum steht Rosmarin auch fürs Sterben. Und ihn im Traum zu sehen, bedeutet Unglück.

Der Rosmarinstrauch ist ein erfreulicher Anblick. Seine nadelförmigen, ledrigen Blätter sind oben glänzend-dunkelgrün und an der Unterseite filzig-weißlich. Seine Blüten sind blaßblau oder von heller Veilchenfarbe. Die Legende erzählt, die heilige Jungfrau
habe auf der Flucht nach Ägypten ihren Mantel über

einen Rosmarinstrauch gebreitet, worauf der weiße Flor sich bläulich verfärbte.

Der Rosmarin ist ein Kind der steinigen Buschsteppen rings um das Mittelmeer. Daher seine Anspruchslosigkeit: Er gedeiht am besten in magerem, sandigem Boden.

Schon zu Römerzeiten wurde er nördlich der Alpen gezogen, doch hat er sich nicht an unser rauhes Klima gewöhnt: Jeder Frost wird ihm zum Verhängnis. Man pflanzt ihn darum mit Vorteil in einen geräumigen Topf, den man nach den Eisheiligen im Garten eingräbt und im Winter an einem kühlen, luftigen Ort unterbringt. Auch als Balkon- und Zimmerpflanze eignet sich der Rosmarin, doch muß er winters kühl gestellt werden.

ROSMARIN IN DER KÜCHE

Rosmarin ist ein höchst eigenwilliges Gewürz. Sein heftiges Aroma übertönt dasjenige aller andern Küchenkräuter; sogar der ihm artverwandte Thymian vermag ihm nicht Paroli zu bieten. Man soll Rosmarin darum in kleinen Dosen verwenden oder aber in Kauf nehmen, daß er das Geschmacksfeld ausschließlich beherrscht.

Lamm- und Schaffleisch ohne Rosmarin ist für den Bewohner der Mittelmeerländer undenkbar, und wir tun gut daran, seinem Beispiel zu folgen. Aber auch ein zartes Hühnchen, in dessen Inneres man einen Rosmarinzweig versenkt und das man vor dem Braten

mit derselben Zutat umwickelt hat, ist eine Götter-
speise.

Alle Schmorgerichte vom Ochsen, Kalb und Schwein
gewinnen an Rasse und Wohlgeschmack durch eine
Prise Rosmarin. Man gibt die zerkleinerten Nadelblät-
ter schon beim Anbraten zu den Fleischstücken; denn
der Rosmarin gehört zu jenen Küchengewürzen, die
auch durch langes Kochen ihr Aroma nicht verlieren.
Die Beigabe von Rosmarin zu gebratenem oder ge-
schmortem Wild ist nur dann abzuraten, wenn dieses
von einer Wein-Sauce begleitet wird; hingegen kann
Rosmarin im *bouquet garni* sehr wohl den Thymian
ersetzen, und auch Olivenöl, das mit einem Rosmarinzweig aromatisiert wurde, eignet sich vorzüglich
zum Anbraten von Fleisch und Geflügel.

Des weiteren ist Rosmarin eine unentbehrliche Beiga-
be zur Ratatouille, jenem provenzalischen Gemüse-
Ragoût, das einfach alles enthält, was der Garten im
Spätsommer und Frühherbst bietet.

Schließlich sei erwähnt, daß die Engländer unter den
Tudorkönigen ganz vernarrt in Rosmarin waren – ja
am Hof Heinrichs VIII. gab es unter der Bezeichnung
Rosemary Snow sogar eine Nachspeise, die aus Schlag-
rahm, Eiweiß-Schnee und Zucker bestand und mit
Rosmarinblättern und -blüten gewürzt war.

SAFRAN

Crocus sativus

Jedermann weiß, daß Safran eine Krokusart ist, deren orange-rote, dreilappige Narbe als Gewürz so berühmt wie begehrt ist; nur wenige aber haben je blühenden Safran zu Gesicht bekommen. Dabei gedeiht das anmutige Schwertliliengewächs überall dort, wo auch die Rebe zu Hause ist. Sogar im kühlen England wurde früher Safran angepflanzt; Ortsnamen wie Saffron Walden und Saffron Hill zeugen dafür. Heute ist Spanien neben dem Vorderen Orient der Hauptlieferant des Gewürzes. Meine Großmutter bestand jedoch auf Safran aus Niederösterreich, weil sie der fernhergeholten Ware nicht traute. Auch in der Schweiz, im Walliser Dorf Mund, wird Safran noch immer feldmäßig angebaut. Er dient jedoch dem Eigenbedarf der Munder und kommt nicht in den Handel.

Da man für ein Pfund Safrangewürz zwischen siebzig- und hunderttausend Blüten benötigt, verwundert seine Abwesenheit im Kräutergarten nicht. Wer aber nicht nur auf Nutzen, sondern auch auf Schönheit aus ist, sollte dennoch ein paar Safranpflanzen ziehen. Sie erfreuen das Auge mit ihren fliederfarbenen Kelchen gerade dann, wenn der Garten schon fast kahl ist.

Blüht der Safran doch wie seine Base, die Herbstzeitlose, erst im Oktober.

Safran wird seit Jahrtausenden als das vornehmste, das wahrhaft königliche Gewürz erachtet. Nach ihm benannten denn auch die Kaufleute mit Vorliebe ihre Zunft.

Da Safran mehr gilt als Gold, war er auch immer das Opfer von Spitzbuben. Und das, obgleich dem Safranfälscher der Galgen drohte. Die alten Kochbücher füllen Spalten mit Anleitungen für die Unterscheidung des puren Safrans von dem mit Ringelblumen und andern Falsifikaten vermischten.

Heute kommt Safran fast immer gemahlen auf den Markt. Wer zu diesem kein Zutrauen hat, erstehe auf einer südlichen Reise natürliche Safrannarben. Man kann sich kein nobleres, sinnvolleres Mitbringsel denken.

SAFRAN IN DER KÜCHE

Der Safran wurde durch die Mauren nach Spanien gebracht, und noch heute wird er in keiner Küche öfter gebraucht und mehr geliebt als in der arabischen. Vor allem für Hühnergerichte und für die Tajines – mit Quitten, Datteln oder Kürbis geschmortes Hammelfleisch – ist *zafrane* unentbehrlich.

In Europa kommen drei Nationalgerichte nicht ohne Safran aus: die spanische Paella, die provenzalische Bouillabaisse und der Risotto alla Milanese.

Da Paella und Bouillabaisse Ingredienzen erfordern,

die nicht überall greifbar sind, alles für einen echten Mailänder Risotto Benötigte jedoch stets zur Hand ist, sei dieses Rezept mitgeteilt:

Man gibt etwa zwanzig Safrannarben oder eine tüchtige Messerspitze gemahlenen Safran in eine Bouillontasse, übergießt das Gewürz mit kochender Fleischbrühe und stellt es beiseite.

Nun dünstet man in fünfzig Gramm Butter und ebensoviel rohem Rindermark eine sehr fein geschnittene, kleine Zwiebel. Das Rindermark ist wichtig; es macht den Unterschied aus zwischen einem Mailänder- und einem Allerwelts-Risotto.

Bevor die Zwiebel Farbe angenommen hat, gibt man zwei Tassen Vialone- oder einen andern lombardischen Reis hinzu und röstet ihn kurz an. Gleichzeitig bringt man auf einer andern Flamme fünf bis sechs Tassen gute, gesalzene Fleischbrühe zum Kochen. Diese wird in kurzen Abständen dem Reis beigegeben. Nach einer Viertelstunde gießt man auch den in Brühe aufgelösten Safran dazu – durchgeseiht, sofern man ganze Narben verwendet hat. Der Reis, der jetzt nicht trocken, sondern leicht suppig sein soll, muß noch fünf Minuten köcheln; dann zieht man ihn vom Feuer und mischt mit einer Gabel fünfzig Gramm Butter und drei Eßlöffel geriebenen Parmesan darunter. Auf dem Teller bestreut man ihn mit demselben Käse.

SALBEI

Salvia officinalis

Der lateinische und der von diesem abgeleitete deutsche Name des Salbeis geht auf das Verbum *salvare* = heilen zurück; er zeigt an, in wie hohem Ansehen dieser Lippenblütler seit jeher stand.

Der Salbei stammt aus den Mittelmeerländern, wurde aber schon von den Römern nach Gallien und Germanien gebracht, wo er sich sogleich einen festen und angesehenen Platz unter den Heil- und Gewürzkräutern sicherte. Das gelang ihm um so leichter, als die Kultur des Salbeis vergleichsweise einfach ist. Er bildet einen verholzten Stock, der leicht geteilt werden kann. Auch aus Samen läßt sich der Salbei ziehen, kann dann aber erst im zweiten Jahr abgeerntet werden.

Der Salbei liebt einen trockenen Kalkboden. Findet er ihn, so gedeiht er ohne jede Pflege und vermehrt sich prächtig; nur sehr harte Winterfröste lassen es angebracht sein, den Wurzelstock mit Reisig, Stroh oder Torfmull zu schützen.

Aus dem Wurzelstock sprießen halbmeterhohe und höhere, vierkantige Stengel, an denen paarweise die grünlich-silbergrauen, lanzettförmigen und filzigen Blätter sitzen. Die hellvioletten Blüten bilden zu viert

bis acht Scheinquirle. Der echte oder Königssalbei hat im Wiesensalbei (*Salvei pratensis*) seine einheimische Entsprechung. Was Schönheit und Leuchtkraft der Blüten betrifft, schlägt dieser seinen südlichen Vetter; an heilenden und würzenden Tugenden jedoch bleibt er weit hinter ihm zurück.

Die früher so hochgerühmten medizinischen Tugenden des Salbeis werden heute kaum mehr in Anspruch genommen. Einzig als Mund- und Gurgelwasser findet ein Absud aus seinen Blättern noch Verwendung. Und in ländlichen Gegenden ersetzt sein frischgepflücktes Kraut noch immer die Zahnbürste. Der Salbei gehört zu jenen Küchenkräutern, die ihr Arom auch in getrocknetem Zustand nicht verlieren. Man pflückt die Blätter mit Vorteil im Frühjahr, vor der Blüte, und trocknet sie an einem schattigen Platz. Das Dörrgut soll in gutverschlossenen Glaspokalen aufbewahrt werden.

SALBEI IN DER KÜCHE

S osehr die Heilkraft des Salbeis heute vernachlässigt wird – als Küchengewürz ist sein Ruf nach wie vor und mit Recht groß.

Besonders in der provenzalischen und italienischen Küche spielt er in den dort so beliebten Kräutermischungen eine Hauptrolle. Und eine *Aigo boulido* – die nach ihrem wichtigsten Ingredienz benannte, südfranzösische Knoblauchsuppe – ist ohne Salbei nicht denkbar. Hier das Rezept: In vier bis fünf Eßlöffeln

Olivenöl werden die sehr fein gehackten Zehen einer ganzen Knoblauchknolle sorgfältig, das heißt so gedünstet, daß sie keine Farbe annehmen; dann gibt man anderthalb Liter Wasser, ein *bouquet garni* (Lorbeerblatt, Thymian, Petersilie), eine Gewürznelke und vier oder fünf Salbeiblätter dazu, läßt zehn Minuten kochen und richtet über gerösteten Brotschnitten an.

Auch die klassische französische Küche kommt ohne Salbei nicht aus. Er begleitet dort Fisch, Lamm- und Hammelfleisch, Geflügel und Wild, wobei er, seiner heftigen Würzkraft wegen, stets in kleinen Dosen verwendet wird.

Des weiteren stopfen die Franzosen ihre Gänse mit Kastanien, die diskret mit Salbei gewürzt wurden, während die Engländer auf eine Füllung aus Zwiebeln und Salbei für die gebratene Ente schwören. Auch Geflügelleber, rasch mit ein paar gehackten Salbeiblättern in Butter gewendet, ist ein Leckerbissen.

Zum Schluß eine Jugenderinnerung: Ganze Salbeiblätter, durch einen nicht zu dünnflüssigen Omelett-Teig gezogen und in schwimmendem Fett ausgebakken. Wir nannten diese Küchlein »Müsli« (Mäuschen), weil sie die Form und Größe dieser Tierchen hatten und der Blattstiel hinten wie ein Schwänzchen herausguckte.

SCHNITTLAUCH

Allium schoenoprasum

Schnittlauch und Petersilie sind allenthalben die weitaus bekanntesten Küchenkräuter. Während aber die Petersilie zum großen Teil lediglich als Dekoration verwendet wird, genießen wir Schnittlauch fast täglich als Beigabe zu Suppen, Gemüsen und Salaten, im Rührei und in der Omelette, mit Quark und Streichkäse oder auch einfach aufs Butterbrot gestreut. Welch letztere Verwendungsart nicht nur einem Vitaminstoß gleichkommt, sondern auch ganz vorzüglich schmeckt.

Der Schnittlauch ist ein Liliengewächs und damit ein Vetter des Lauchs, der Zwiebel und des Knoblauchs. Sein Geschmack hat Ähnlichkeit mit demjenigen der Zwiebel, ist aber feiner, unaufdringlicher und kann auch jenen zugemutet werden, denen die Zwiebel nicht behagt.

Wie denn der Schnittlauch schon deshalb jedermanns Freund ist, weil er nicht nur dem Gaumen, sondern auch dem Auge wohlgefällt.

Der Schnittlauch kommt in der Alten und Neuen Welt auf feuchtem Boden wild vor. Reichliches Begießen ist darum auch der einzige Anspruch, den er stellt. Im übrigen begnügt er sich mit jedem Erdreich

und mit jedem Standort. Sogar in der Küche kann er gezogen werden.

Da Schnittlauch stets zur Hand sein sollte, empfiehlt es sich, mehrere Stöcke anzupflanzen und diese der Reihe nach fleißig abzuernten. Denn auch dadurch beweist der Schnittlauch sein gefälliges Wesen, daß er um so üppiger gedeiht, je öfter man ihn schneidet. Nach einiger Zeit erschöpft sich sein Wachstum; dann muß man die Wurzelstöcke, die aus vielen, nur schwach ausgebildeten Zwiebelchen bestehen, teilen und an einem neuen Ort einpflanzen.

Schnittlauch ist nicht nur ein allzeit bereiter Küchengehilfe, sondern auch eine Augenfreude: Vom Mai bis in den August hinein treibt er lila-rötliche Blütendolden in Form zierlicher Pompons. Die Engländer verwenden ihn daher gerne für die Einfassung des Kräutergartens und verbinden damit das Nützliche mit dem Schönen.

SCHNITTLAUCH IN DER KÜCHE

Zusammen mit Kerbel, Estragon und Petersilie zählt Schnittlauch zu den sogenannten »feinen Kräutern« und damit zu den unumgänglichen Ingredienzen der *Omelette aux fines herbes*. Daß er, allein oder im Verein mit seinen Kumpanen, auch der Verfeinerung eines Rühreis dient, versteht sich.

Omelette und Rührei sind indessen die einzigen Gerichte, bei denen der Schnittlauch mit der Hitze in Berührung kommt; sonst verwendet man ihn nie anders als roh, weil sich sein zartes Aroma durch längeres Kochen verliert.

Für den Gebrauch der mit der Schere oder dem Messer fein geschnittenen Röhrchen sind der Köchin kaum Grenzen gesetzt; nur ganz zarte Gemüse wie Spargel und junge Zuckererbsen vertragen diese Beigabe nicht. Sonst aber gilt die Regel: je mehr Schnittlauch, desto besser.

In den meisten Fällen wird der zerkleinerte Schnittlauch einfach über die fertigen Speisen gestreut. Über Fleischbrühe und gebundene Suppen, Salzkartoffeln und Salate. Manchmal vermengt man ihn auch innig mit dem Kochgut. So etwa mit einer Béchamel oder andern weißen Sauce. Auch Kartoffelpüree gewinnt an Wohlgeschmack und gutem Aussehen, wenn man es mit reichlich Schnittlauch durchsetzt.

Mit Recht beliebt ist auch ein Brot- oder Sandwich-Aufstrich aus Quark oder Gervais-Käse mit feingeschnittenem Schnittlauch. Man würzt diese Mischung mit Zitronensaft, Salz und Pfeffer.

Schließlich sei erwähnt, daß Schnittlauch nicht nur in der europäischen, sondern auch in der chinesischen Küche unentbehrlich ist. Die Chinesen haben denn auch ihren eigenen Schnittlauch gezüchtet. Er unterscheidet sich vom unsrigen durch höheren Wuchs, flache Blätter und knoblauchartigen Geschmack. Neuerdings zieht man ihn auch bei uns.

SELLERIE

Apium graveolens

Sellerie wächst wild in Europa, Asien, Afrika, Nord- und Südamerika, und die Menschheit wurde schon in Urzeiten auf dieses aromatische Kraut aufmerksam. Im alten Ägypten wurde es als Würze und Heilmittel gebraucht, und die Griechen trieben einen rechten Kult damit. Es diente ihnen als Totengabe, und den Siegern in den Nemäischen Spielen winkte als Preis ein Selleriekranz. Seltsamerweise aber dachte man erst spät daran, den Sellerie durch Züchtung zu veredeln. Dieses Verdienst kommt den Italienern des 16. Jahrhunderts zu. Die Frucht ihres Bemühens sind die seither beliebten Spielarten Knollen-, Stangen- und Blattsellerie. Diese wurden dann weiterentwickelt, so vor allem im Tal der Loire, das neben andern Varianten den violetten Sellerie von Tours hervorbringt.

Die Angelsachsen begeistern sich vor allem für den Stangensellerie. Sie stellen die gebleichten Stiele mit den schöngezähnten Blattbüscheln wie einen Blumenstrauß in ein hohes Glas und knabbern sie roh. Mit Vorliebe zu Käse.

In Frankreich sind sowohl Knollen- wie Stangensellerie beliebt; auch findet man dort den zarten Blattselle-

rie fast immer auf dem Markt. Die deutsche Küche hingegen gibt dem Knollensellerie entschieden den Vorzug.

Aber nicht nur Knolle, Stiel und Blatt des Selleries enthalten das köstliche, den Appetit anreizende Arom, sondern auch der Samen. Dieser wird bei uns jedoch lediglich zur Fabrikation von Selleriesalz verwendet, während in englischen Küchen ein Glas mit Selleriesamen auf jedem Gewürzbord steht.

Im Volksglauben behauptet der Sellerie hartnäckig seinen Ruf als Aphrodisiakum, was ihm einschlägige Beinamen wie Geilwurz eingetragen hat. Einige gelehrte Autoren bestätigen diese Wirkung; andere verweisen sie ins Reich der Fabel. Bertolt Brecht spielt darauf in einem Song der »Dreigroschenoper« an.

SELLERIE IN DER KÜCHE

S ellerie wird zur Hauptsache als Gemüse genossen, weshalb er in manchen Kräuterbüchern übergangen wird. Das ist ungerecht. Denn seine Würzkraft ist gar nicht hoch genug einzuschätzen.

Wie fade schmeckte eine Fleischbrühe, gäbe man ihr außer Karotten, Lauch und Zwiebel, Lorbeerblatt, Nelken und Pfefferkörnern nicht auch eine geviertelte Sellerieknolle bei. Der Osso bucco, die geschmorte Kalbshaxe nach Mailänder Art, verdiente seinen Namen nicht, hätte man bei seiner Zubereitung den Knollensellerie vergessen. Ebenso unentbehrlich ist das Selleriekraut für Hackbraten, Geflügelfüllungen,

Saucen und Suppen. Der Blattsellerie schließlich ersetzt mit Vorteil die Petersilie im *bouquet garni* oder Gewürzsträußchen.

Sellerie ist wie wenig anderes geeignet, an sich faden Speisen Rasse zu verleihen. Dieser englischen Gurkensuppe zum Beispiel: Man dämpft eine zerkleinerte Gurke mit reichlich gehackten Sellerieblättern in Butter, bindet mit etwas Mehl, salzt und pfeffert, läßt eine halbe Stunde köcheln und treibt die Suppe durch ein Sieb. Sie kann warm aufgetragen werden oder aber eisgekühlt mit einem Becher Sahne vermischt.

Auch was die Engländer *sharp mayonnaise* nennen, ist einen Versuch wert: Unter eine Mayonnaise, die als Zugabe zu kaltem Fleisch gedacht ist, verrührt man frischgeraspelten Meerrettich und feingehackte Sellerieblätter.

Sogar für Tranksame findet Sellerie Verwendung. Tomatensaft ist für eine Dosis Selleriesamen oder, wenn dieser nicht zur Hand ist, eine kräftige Prise Selleriesalz dankbar, und Sellerie-Bowle besteht aus feingeschnittener, gezuckerter Sellerieknolle, die man mit Cognac tränkt, an Rotwein ansetzt und mit Champagner oder Sekt auffüllt.

THYMIAN

Thymus vulgaris

Der Thymian zählt zu den ältesten, vornehmsten und beliebtesten Heil- und Gewürzkräutern. Zu den ganz wenigen auch, die von Dichtern besungen wurden.

Sein Name leitet sich vom griechischen *thymiama* = Räucherwerk ab; denn im alten Hellas versah der Thymian die Rolle des Weihrauchs.

Die römischen Legionäre streuten Thymianzweige ins Badewasser, um sich Mut und Kraft zu verleihen; wie denn der Absud des Krautes seit alters als Mittel gegen Schüchternheit, zur Vertreibung der Melancholie und zur Verhütung von Alpträumen gebraucht wurde.

Die Damen der Minnehöfe steckten ihrem Ritter ein Thymianreis an die Brust, wenn er auf Abenteuer zog; ob sie das Gewächs auch in der Küche verwendeten, ist nicht bekannt und wenig wahrscheinlich, denn der Thymian tritt erst spät in der Küchenliteratur auf.

Der Echte Thymian, von dem hier die Rede ist, stammt aus dem Mittelmeerraum. Er hat sein einheimisches Gegenstück im Quendel, der bei den Botanikern *thymus pulegioides* heißt. Beide können für die gleichen Zwecke verwendet werden, doch duftet und

schmeckt der wildwachsende Quendel schwächer als der Gartenthymian.

Vom letzteren gibt es übrigens an die drei Dutzend Arten, die vornehmlich als Zierpflanzen gezogen werden. Für den Küchenbedarf halte man sich an *thymus vulgaris*. Er liebt Sonne und kalkhaltigen Boden, fürchtet aber die Feuchtigkeit. Da er die Erde vergleichsweise rasch auslaugt, muß man ihm im Abstand von zwei, drei Jahren einen neuen Standort zuweisen.

Die Thymianblüte lockt die Bienen an. Der Hymettos-Honig, die Wonne der Griechenlandreisenden, verdankt sein unvergeßliches Arom dem Thymian, der in dicken, grau-grünen, von lila Blüten übersäten Polstern die Hügelberge über Athen bedeckt.

Ein anderes Thymianparadies ist die Provence. Das Sträuchlein heißt dort *farigoule* und gibt, zusammen mit Lavendel, Rosmarin und Zistrose ganzen Landschaften das Gesicht.

THYMIAN IN DER KÜCHE

Die Beliebtheit des Thymians als Gewürz ist von Land zu Land recht unterschiedlich.

Die Araber nennen ihn *zatr* und verwenden ihn für bestimmte Fischgerichte und für die *harira*, die Abendsuppe.

In Italien weiß man mit Thymian nicht allzuviel anzufangen. Dort wird Basilikum und Salbei, Rosmarin und Lorbeer der Vorrang eingeräumt und Thymian allenfalls für Kräutermischungen verwendet.

Anders die Provenzalen. Bei ihnen steht Thymian neben Knoblauch als Gewürz an erster Stelle, und kaum eines ihrer Fleischgerichte kommt ohne ihn aus. Auch den eingemachten Oliven, ja sogar gedörrten Pflaumen und Feigen verleiht er sein an Sonne und Sommer erinnerndes Aroma.

Die klassische französische Küche ist schon deshalb auf das Gewürz angewiesen, weil Thymian neben Petersilie und Lorbeerblatt zum fast täglich gebrauchten *bouquet garni* gehört. Das Kraut hat seinen festen Platz auf dem Gewürzbord der Französin, und in der Rezeptsammlung des berühmten Paul Bocuse begegnet man der *brindille de thym*, dem Thymianzweiglein, auf Schritt und Tritt.

In England verwendet man Thymian vor allem in Fleischgerichten, die in der Brühe gekocht oder im Wein geschmort werden. Eine dort viel gezogene Spielart mit Namen *lemon thyme* (*thymus citriodorus*) dient auch zum Aromatisieren von Fruchtsalaten und Sommergetränken.

In Deutschland verwendet man bald Echten Thymian, bald Quendel für rotes Fleisch und Wild, für Fisch- und Geflügelfarcen, Suppen und dunkle Saucen. Auch ist ein kräftiges Arom für die Herstellung vieler Wurstarten unentbehrlich.

Literaturnachweise

Paul Bocuse: La cuisine du marché. Paris, 1976
Eva Maria Borer: Alte und neue Küche in der Schweiz.
Zürich, 1971
Felice Cunsolo: Guida gastronomica d'Italia. Novara, 1975
Ilse Döring: Gewürzküche und Kräutergarten. Ravensburg, 1968
R. Duruisseau: La Cuisine aux Herbes. Paris–Bruxelles, 1978
Erhard Gorys: dtv-Küchen-Lexikon. München, 1975
Z. Guinaudeau: Fès vu par sa cuisine. Rabat, 1962
Ben Charles Harris: Better Health with Culinary Herbs.
New York, 1971
Rosemary Hemphill: Herbs and Spices. Harmondsworth GB,
1959
B. Hlava und D. Lanska: Lexikon der Küchen- und Gewürz-
kräuter. Prag/München, 1977
Pierre Lieutaghi: Le livre des bonnes herbes. Verviers B, 1978
C. Loewenfeld and Ph. Back: The Complete Book of Herbs
and Spices. Boston USA, 1974
Prosper Montagné: Nouveau Larousse gastronomique.
Paris, 1960
Raymond Oliver: La Cuisine. Paris, 1965
R. Roen and R. K. Finley: The Helix Herbal Album.
Boulder USA, 1978
Anna Gosetti della Salda: Le Ricette regionali italiane.
Milano, 1967
Leonie de Sounin: Magic in Herbs. New York, 1972
Universal-Lexikon der Kochkunst. Leipzig, 1878
Der Große Brockhaus. Leipzig, 1928

Für den Bildteil:
Leonhart Fuchs: New Kreüterbuch, 1543
Faksimileausgabe. K. F. Koehlers Antiquarium. Leipzig, 1938

Zu dieser Ausgabe

insel taschenbuch 2258. Der Text des vorliegenden Taschenbuches
folgt der erstmals 1979 erschienenen Ausgabe des insel taschenbuches 377: Manuel Gassers Kräutergarten. Umschlagfoto: Mi-
chelle Garrett. Aus: Stephanie Donaldson. Auf dem Lande.
Christian Verlag, München 1997

Gaumenfreuden
im insel taschenbuch

165/1/6/98

Literatur und Reisen
im insel taschenbuch

Literatur und Reisen
im insel taschenbuch

158/2/12.96

Literatur und Reisen
im insel taschenbuch

158/3/12.96

Literatur und Reisen
im insel taschenbuch

Kunst und Musik
im insel taschenbuch

157/1/12.96

Kunst und Musik
im insel taschenbuch

Kunst und Musik
im insel taschenbuch

Kunst und Musik
im insel taschenbuch

157/4/12.96

Das Mittelalter
im insel taschenbuch

173/1/12.96

Das Mittelalter
im insel taschenbuch

173/2/12.96

Kulturgeschichte
im insel taschenbuch